U0589430

中华精神家园

节庆习俗

民族盛典

少数民族节日与内涵

肖东发 主编　刘文英 编著

中国出版集团

现代出版社

图书在版编目（CIP）数据

民族盛典 / 刘文英编著. — 北京：现代出版社，
2014.11（2020.01重印）

（中华精神家园丛书）

ISBN 978-7-5143-2560-7

Ⅰ.①民… Ⅱ.①刘… Ⅲ.①少数民族－民族节日－
介绍－中国 Ⅳ.①K892.1

中国版本图书馆CIP数据核字(2014)第259235号

民族盛典：少数民族节日与内涵

总 策 划：陈　恕
主　　编：肖东发
作　　者：刘文英
责任编辑：王敬一
出版发行：现代出版社
通信地址：北京市定安门外安华里504号
邮政编码：100011
电　　话：010-64267325 64245264（传真）
网　　址：www.1980xd.com
电子邮箱：xiandai@cnpitc.com.cn
印　　刷：山东省东营市新华印刷厂
开　　本：710mm×1000mm　1/16
印　　张：11
版　　次：2015年4月第1版　2020年1月第3次印刷
书　　号：ISBN 978-7-5143-2560-7
定　　价：40.00元

　　党的十八大报告指出："文化是民族的血脉，是人民的精神家园。全面建成小康社会，实现中华民族伟大复兴，必须推动社会主义文化大发展大繁荣，兴起社会主义文化建设新高潮，提高国家文化软实力，发挥文化引领风尚、教育人民、服务社会、推动发展的作用。"

　　我国经过改革开放的历程，推进了民族振兴、国家富强、人民幸福的中国梦，推进了伟大复兴的历史进程。文化是立国之根，实现中国梦也是我国文化实现伟大复兴的过程，并最终体现为文化的发展繁荣。习近平指出，博大精深的中国优秀传统文化是我们在世界文化激荡中站稳脚跟的根基。中华文化源远流长，积淀着中华民族最深层的精神追求，代表着中华民族独特的精神标识，为中华民族生生不息、发展壮大提供了丰厚滋养。我们要认识中华文化的独特创造、价值理念、鲜明特色，增强文化自信和价值自信。

　　如今，我们正处在改革开放攻坚和经济发展的转型时期，面对世界各国形形色色的文化现象，面对各种眼花缭乱的现代传媒，我们要坚持文化自信，古为今用、洋为中用、推陈出新，有鉴别地加以对待，有扬弃地予以继承，传承和升华中华优秀传统文化，发展中国特色社会主义文化，增强国家文化软实力。

　　浩浩历史长河，熊熊文明薪火，中华文化源远流长，滚滚黄河、滔滔长江，是最直接的源头，这两大文化浪涛经过千百年冲刷洗礼和不断交流、融合以及沉淀，最终形成了求同存异、兼收并蓄的辉煌灿烂的中华文明，也是世界上唯一绵延不绝而从没中断的古老文化，并始终充满了生机与活力。

　　中华文化曾是东方文化摇篮，也是推动世界文明不断前行的动力之一。早在500年前，中华文化的四大发明催生了欧洲文艺复兴运动和地理大发现。中国四大发明先后传到西方，对于促进西方工业社会的形成和发展，曾起到了重要作用。

　　中华文化的力量，已经深深熔铸到我们的生命力、创造力和凝聚力中，是我们民族的基因。中华民族的精神，也已深深植根于绵延数千年的优秀文化传统之中，是我们的精神家园。

　　总之，中华文化博大精深，是中国各族人民五千年来创造、传承下来的物质文明和精神文明的总和，其内容包罗万象，浩若星汉，具有很强的文化纵深，蕴含丰富宝藏。我们要实现中华文化伟大复兴，首先要站在传统文化前沿，薪火相传，一脉相承，弘扬和发展五千年来优秀的、光明的、先进的、科学的、文明的和自豪的文化现象，融合古今中外一切文化精华，构建具有中国特色的现代民族文化，向世界和未来展示中华民族的文化力量、文化价值、文化形态与文化风采。

　　为此，在有关专家指导下，我们收集整理了大量古今资料和最新研究成果，特别编撰了本套大型书系。主要包括独具特色的语言文字、浩如烟海的文化典籍、名扬世界的科技工艺、异彩纷呈的文学艺术、充满智慧的中国哲学、完备而深刻的伦理道德、古风古韵的建筑遗存、深具内涵的自然名胜、悠久传承的历史文明，还有各具特色又相互交融的地域文化和民族文化等，充分显示了中华民族的厚重文化底蕴和强大民族凝聚力，具有极强的系统性、广博性和规模性。

　　本套书系的特点是全景展现，纵横捭阖，内容采取讲故事的方式进行叙述，语言通俗，明白晓畅，图文并茂，形象直观，古风古韵，格调高雅，具有很强的可读性、欣赏性、知识性和延伸性，能够让广大读者全面接触和感受中国文化的丰富内涵，增强中华儿女民族自尊心和文化自豪感，并能很好继承和弘扬中国文化，创造未来中国特色的先进民族文化。

2014年4月18日

歌圩之日——三月三

祭祖之节——中元节

傣历新年——泼水节

火的圣典——火把节

泼水节

泼水节是傣族和德昂族最隆重的节日，也是云南少数民族中影响最大、参加人数最多的节日。

泼水节又叫宋干节或者浴佛节。它源于印度，是古婆罗门教的一种仪式，后为佛教所吸收，在12世纪末至13世纪初，经缅甸随佛教传入我国云南傣族和德昂族地区。随着佛教在这些地区影响的加深，泼水节成为一种民族习俗流传下来。

另外，居住在云南地区的阿昌族、布朗族和佤族也有过泼水节的习惯。

泼水节的起源和故事传说

　　泼水节源于印度，是古婆罗门教的一种仪式，后为佛教所吸收，在12世纪末至13世纪初经缅甸随佛教传入我国云南傣族地区。

　　随着佛教在傣族地区影响的加深，泼水节成为一种民族习俗流传

■ 傣族青年

■ 傣族节日盛装

下来，至今已数百年。在泼水节流传的过程中，傣族人民逐渐将之与自己的民族神话传说结合起来，赋予了泼水节更为神奇的意蕴和民族色彩。

关于泼水节的来历，傣族和德昂族民间有着许多感人的传说故事。

故事一：很久以前，在傣族聚居的地区出现了一个残暴的魔王，他无恶不作，到处烧杀抢劫，弄得庄稼无收，人心不宁，民不聊生。人们受尽了他的残害，对他恨之入骨，可是谁也无法消灭他。

魔王已有6个妻子，可他仍不满足，又抢来一个美丽聪明的姑娘。这7个姑娘看到自己的同胞过着悲惨的生活，决心找到消灭恶魔的办法。聪明的姑娘们心里恨透了魔王，可表面却不露声色，装着与魔王十分要好。

德昂族 旧名崩龙族，是我国少数民族之一。主要散居在云南省德宏傣族景颇族自治州的潞西和临沧地区镇康县，其他分布在盈江、瑞丽、陇川、保山、梁河、龙陵、耿马等县（自治县）市。与傣族、景颇族、傈僳族、佤族、汉族等民族交错而居。是一个典型的大分散小聚居的民族。

■ 傣族万人泼水广场

一天夜里，魔王从外面抢回来许多财宝和奴仆，她们趁魔王高兴不备时，试探问清了用魔王头发可勒死魔王的秘密。于是，夜深人静，在魔王睡着的时候，姑娘们悄悄地拔下了魔王的一根头发，勒住魔王的脖子。

顷刻间，魔王的头便滚在地上，可是头一着地，地上就燃起大火。眼看将酿成灾祸，姑娘们立即拾起头颅，大火就熄灭了。但是，魔王的头滚到哪里，哪里便发生灾难，抛到河里，河水泛滥成灾；埋在地下，到处臭气冲天，只有魔王的妻子抱着才平安无事。

为免除灾难祸害百姓，姑娘们便轮流抱着魔王的头，一人抱一天。天上一天等于地上一年，每年姑娘们轮换的日子，即傣族的新年，所以傣族人民怀着对姑娘们敬佩的心情，给抱头的姑娘泼一次清水，以便冲去身上的血污和一年的疲惫，作为洗污净身的一种祝福。

后来，傣族人民为纪念这7位机智勇敢的姑娘，就在每年的这一天互相泼水，从此形成了傣族辞旧迎新的盛大节日——泼水节。

故事二：在很久以前，金沙江边一个聚居在密林深处的傣族村寨，因树林起火，村民处在被大火吞没的危难之中，一个名叫李良的傣族汉子，为保护村庄，不畏危险，冲出火网，从金沙江里挑来一桶桶江水，泼洒山火。

经过一天一夜的劳累，山火终于被泼灭了，村民得救，李良因为劳累把汗流干了，渴倒在山头上。村民打来清水给李良解渴，但他喝了99担水也解不了渴。后来，李良索性一头扑到江水中，变成一条巨龙，顺江而去。

傣族人民为纪念李良，每年农历三月初三这一天，各家各户都把房屋清扫一新，撒上青松叶，并在选定的江边或井旁，用绿树搭起长半里的青棚，棚下撒满厚厚的松针，两旁放上盛满水的水槽。

热闹的泼水节

■ 美丽的傣族少女

天庭　我国民间指天帝的宫廷。自玉帝统治三界之后，三界的中央权力中心称为"天庭"，三界都归其所管辖。玉皇大帝为天庭联合政府的最高元首，具有最高权威。道祖太上老君和佛祖如来也必须服从天庭领导，他们对玉帝的差遣称为"奉旨"。

午间太阳当顶时，众人穿行于棚间，相互用青松蘸水洒身，吉祥幸福的水相互泼洒，表示对李良的怀念和对新年的祝福。

这项活动一直延续至今，成为傣族人民辞旧迎新祝福吉祥的节日，这就是泼水节。

故事三：人间的气候本来由一位名叫捧玛乍的天神掌管。他把一年分为旱季、雨季、冷季，为人间规定了农时，让一位名叫捧玛点达拉乍的天神掌管施行。

捧玛点达拉乍自以为神通广大，无视天规，为所欲为，乱行风雨，错放冷热，弄得人间雨旱失调，冷热不分，禾苗枯死，人畜遭灾。

有位叫帕雅晚的青年，以4块木板做翅膀，飞上天庭找到天王英达提拉诉说人间的灾难。帕雅晚欲到最高一层天去朝拜天塔时，不慎撞在天门之上，一扇天门倒塌，将他压死在天庭门口。

帕雅晚死后，天王英达提拉开始用计惩处法术高明的捧玛点达拉乍。天王变成一位英俊小伙子，佯装去找捧玛点达拉乍的7个女儿谈情。

7位美丽的妙龄女郎同时爱上了他。姑娘们从小伙子的嘴里了解到自己的父亲降灾人间之事以后，既惋惜又痛恨。7位善良的姑娘为使人间免除灾难，决心大义灭亲。

她们想尽办法探明了父亲的生死秘诀。在捧玛点达拉乍酩酊大醉之时，剪下他的一束头发，制作一张心弦弓，毅然割下了为非作歹的捧玛点达拉乍的头颅抱在怀中，不时轮换，互用清水泼洒冲洗污秽，洗去遗臭。

据说，这就是人们在新年期间相互泼水祝福的来历。

农时 我国农业术语，指适宜于从事耕种、收获的时节。在农业生产中，每种农作物都有一定的农耕季节和一定的耕作时间。这个时节是二期水稻插秧的好时机，所以田区所需要的水量会增加，如果在这时候发生干旱缺水的情形，就会迫使农夫们休耕。相反地，如果这时候发生过多的雨水，也会毁掉农夫们辛苦栽种的作物。

阅读链接

据说，德昂族的泼水节来历还有另外一则故事：

在很久以前，德昂族人中有一个忤逆的儿子，他经常打骂自己的母亲，因此他的母亲很害怕他。

有一年的清明节后第七天，这个儿子上山干活时看到一处雏鸟反哺的情景，儿子被这对鸟母子所感动，决定从此后善待母亲。这时，他的母亲正在向山上走来，为儿子送饭，不小心滑了一跤。儿子赶来扶她，母亲却以为儿子又要来打她，便一头撞死在树上。

儿子痛悔莫及，把树砍下来雕成一尊母亲雕像，每年清明后第七天都要把雕像浸到洒着花瓣的温水中清洗。久而久之，德昂族全村的人都学着这样做，并在后来形成了一种习俗。

象征新年的傣族泼水节

　　泼水节，是傣历新年，傣语称"桑罕比迈""棱贺比迈"，是傣族最重要的节庆。

　　傣历把一年分为十二个月，拟六月为首。规定太阳进入金牛宫的

傣族节日盛装

那一天为泼水节。由于傣历六月中旬相当于公历4月，所以泼水节即在4月中旬开始举行，为期3至5天。

■ 傣族群众去赶摆

傣历的新年，是傣族人民辞旧迎新的传统节日。因泼水是这个节日中独具特色的活动，故名。

傣族泼水节第一天称为"麦日"，类似于农历除夕，傣语叫"宛多尚罕"，意思是送旧。此时人们要收拾房屋，打扫卫生，准备年饭和节日期间的各种活动。

第二天称为"恼日"，恼意为空，按习惯这一日既不属前一年，也不属后一年，因此为"空日"。

第三天称为"麦帕雅晚玛"，据称此麦帕雅晚玛的英灵带着新历返回人间之日，人们习惯将这一天视为日子之王来临，是傣历的元旦。

节日来临之前，家家要缝新衣，买新伞，备办节日盛装。每个村寨都要制作高升、礼花，装饰龙舟，开展划船训练，青年人还要排练节目，做歌舞表演。节日来临，要杀猪宰牛做年糕，准备丰盛的年饭，宴请亲朋好友。

傣族泼水节的第一天清早，人们就要采来鲜花绿

傣历 指傣族的传统历法。傣语称"祖腊萨哈"，意即小历。傣历创于公元前96年，起源可上溯至周秦之际。现行傣历始于明代以前，是傣族先民吸收汉族农历优点并结合本民族特点制定的一种阴阳合历。现行傣历以639年为纪元元年。一年的回归长度为365天6小时12分36秒。

■ 傣族竹楼

浴佛 又称灌佛，在古印度原始佛教中即为一种重要仪式，其源则在释迦牟尼降生的历史传说之中。是在佛堂中或露天下净地设灌佛盘，在盘中的莲台上安置着一手指天、一手指地的释迦太子金像，然后灌以香水，以表示庆祝和供养。主旨是提醒人们要保有一颗清净心，观照自己的心是否清净。

叶到佛寺供奉，担来清水浴佛。浴佛完毕，集体性的相互泼水就开始了。

一群群青年男女用各种各样的容器盛水，拥出大街小巷，追逐嬉戏，逢人便泼。"水花放，傣族狂""泼湿一身，幸福终身！"

象征着吉祥、幸福、健康的一朵朵水花在空中盛开，人们尽情地泼尽情地洒，笑声朗朗，全身湿透，兴致高涨。

在泼水节里，除泼水外，还有赶摆、赛龙舟、浴佛、诵经、章哈演唱、斗鸡、跳孔雀舞、跳白象舞、丢包、放高升、放孔明灯等民俗活动，以及其他艺术表演、经贸交流等。

在这一天，也是傣族未婚青年男女们寻觅爱情，栽培幸福的美好时节。节日期间，傣族未婚青年男女喜欢做"丢包"游戏。

每当泼水节即将来临，姑娘们就精心制作一种菱形的花布包。节日一到，姑娘和小伙子便穿着漂亮的衣服到约定的广场或者比较开阔的平地去参加活动。

姑娘与小伙子各站一边，男女双方相隔二三十米。首先由姑娘们将花包投掷过去，小伙子接住以后就与姑娘们对掷。

起初，大家都漫无目的地乱丢，当作一种娱乐活动，对方若是没有接住花包，须向丢包的人赠送鲜花或其他礼物。

当丢包活动进行了一段时间以后，姑娘们便开始有目的地选择自己的意中人了。当她们看到自己喜爱的小伙子时，就把心爱的花包丢掷给他，对方接住了便意味着这个小伙子对她也有情意，于是互相对掷。

你来我往，花包不断地在空中抛来抛去，表示把心交给对方。然后双双相约退出丢包场所，到幽静的树林或小河边去倾吐彼此的爱慕之情。

■ 泼水节赛龙舟

澜沧江 我国境内湄公河上游河段的名称，是我国西南地区的大河之一，也是世界第九长河，亚洲第四长河，东南亚第一长河。澜沧江河源在扎曲，发源于青海省玉树藏族自治州的杂多县吉富山，源头海拔5200米，主干流总长度2139千米，澜沧江流经青海、西藏和云南三省区。

■ 傣族群众互相泼水庆祝

划龙舟也是傣族泼水节最精彩的项目之一，常常在泼水节的"麦帕雅晚玛"举行。

那日，穿着节日盛装的群众欢聚在澜沧江畔和瑞丽江边，观看龙舟竞渡。江上停泊着披红挂彩的龙船，船上坐着数十名健壮的水手，号令一响，整装待发的龙船像箭一般往前飞去。顿时整条江上，鼓声、锣声、号子声、喝彩声此起彼伏，声声相应，节日的气氛在这里达到高潮。

傣族人民能歌善舞，泼水节自然少不了舞蹈。大规模的舞蹈主要安排在泼水节的第三天，如象脚舞和孔雀舞等。从七八岁的娃娃到七八十岁的老人，都穿上节日盛装，聚集到村中广场，参加集体舞蹈。

高升是傣族泼水节的又一项保留节目。

高升是傣族人民自制的一种烟火，将竹竿底部填

以火药和其他配料，置于竹子搭成的高升架上，接上引线，常在夜晚燃放。

放高升时，点燃引线使火药燃烧便会产生强劲的推力，将竹子如火箭般推入高空。竹子吐着白烟，发出"嗖嗖"的尖啸声，同时在空中喷放出绚丽的烟火，犹如花团锦簇，光彩夺目，甚是美妙。地上则欢呼声、喝彩声此起彼伏，议论声和赞美声不绝于耳。

此外，放孔明灯也是傣族地区特有的活动。入夜，人们在广场空地上，将灯烛点燃，放到自制的大"气球"内，利用空气的浮力，把一盏盏孔明灯放飞上天。一盏盏明亮的孔明灯在漆黑的夜晚越飞越高，越飞越远。人们以此来纪念古代的圣贤孔明。

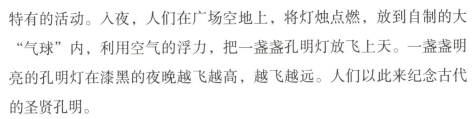
傣族节日的烟火

阅读链接

云南傣族的泼水节，每年在西双版纳傣族自治州和德宏傣族景颇族自治州同时举行。两地均可从昆明乘飞机直接到达。1961年4月13日，周恩来总理曾参加过西双版纳的泼水节。从此以后，泼水节的规模越来越大，每年都有数以万千的中外游客把它视为一生中最难忘的经历。

此外，在泼水节第一天时候，不但要划龙舟、放孔明灯、放水灯、吃烧烤，还有一样更重要的——边交会。边交会是由泰国那边的小商人过来买卖当地特色、小吃，以此增加两国的友谊，意义重大。边交会一般持续3天，泼水节的前3天都有。

阿昌族青年恋爱的节日

　　阿昌族的泼水节与傣族的泼水节日期相同，但庆祝的方法不一样。时间为每年清明节后的第七天开始，为期一周。阿昌族泼水节分

少数民族泼水节

■ 阿昌族舞蹈

为上山采花、赕佛、献佛、沐佛和相互泼水祝福等几个过程。

　　每年清明节后的第七天，是阿昌族泼水节的开端。这天上午，男女老幼穿上节日盛装，采来鲜花，女的插在头上，男的别在胸前。

　　16时左右，全寨的中青年男子汇集在一起，前面一人舞着户撒刀，后面几个人跳着象脚鼓舞，浩浩荡荡，一路鸣枪，向山里进发。

　　上山后，放完鞭炮就采花。大家手拿鲜花，在山上尽情欢跳。跳够了，大家又敲着象脚鼓回村。村里的妇女早已准备好了苏子粑粑。当听到采花队伍鸣铜炮枪报信时，立刻挑选10多个姑娘端着苏子粑粑往村外迎接。

　　采花的男子向姑娘们献花，姑娘们请他们吃粑

采花　相传椎栗树神桑建为民除害消灾，带给人们幸福、安宁。于是每年阿昌人都以椎栗花相互祝福。进山采花时，队伍最前边的男子要挥舞阿昌人的"户撒刀"开路，以后放枪、放鞭炮、载歌载舞。鲜花采回后，扎成花塔、花轿，置于广场上。以后几天，开始浇花。

■ 阿昌族泼水节

象脚鼓 是傣族的重要民间乐器，因鼓身似象脚而得名，广泛用于歌舞和傣戏伴奏。象脚鼓还受到景颇、佤、傈僳、拉祜、布朗、阿昌和德昂等族人民以及克木人的喜爱，是各族歌舞中不可缺少的乐器。

粑，然后同歌同舞回村。回到村里，他们把采来的鲜花扎成花塔、花轿，围着花塔和花轿载歌载舞到深夜。

第二三天是浇花水。男子敲着象脚鼓、芦锣、钹镲，扛着彩旗在前面开路，姑娘们在后面排成一条龙到河里挑水浇花塔和花轿，并用清水喷洒花轿里的"佛"。

第四天青年男女敲着象脚鼓到井边互相泼水祝福。泼水非常讲究文明礼貌：

男："今天浇花水？"

女："浇上点儿。"

男："你的衣服像鲜花，我怕给浇脏了。"

女："你一浇，我的烂衣服就更好了。"

共同协商好后，男的先在女的肩上或后衣领上浇一点清水，女的照样浇一点还礼。从不勉强、更不互相追逐，随心所欲地乱泼。

泼水节是男女青年的主要社交活动。他们互相泼过水后，就邀约到山坡上进行对唱。歌词内容丰富，天上地下，花鸟虫鱼，无所不及。比较有特色的情歌，如《浇》：

女唱：

这么多的人，
你为何紧紧追着我？
若让人家知道了秘密，
叫我怎样对别人说？

男唱：

既然人这么多，
你为何偏偏盯着我？
你用惊鹿般的眼光引逗我，
我的心也像小鹿狂跳着。

女唱：

我本来也不想看着你，
你的身影老是黏住我的眼睛。
当你像泡在水里的公鸡，
我也想捧一捧清水浇花心。

男唱：

今天不泼你，
我的葫芦箫就会走调，
我唱的歌儿会卡住喉咙，
蹬窝罗也不会动人……

■阿昌族青年对唱

大家你一句我一句，一起对到夕阳西下才回家。若是小伙子看中哪个姑娘，到深夜又到她家门口吹葫芦箫，姑娘若对小伙子也有好感，就把门打开，让小伙子进屋坐在火塘的上方，一起用餐。

小伙子要在别人不察觉的情况下把姑娘家菜肴里的鸡头偷走，如鸡头被姑娘查出来，要罚偷鸡头者一碗酒，否则就要罚姑娘喝酒。如果偷者被人当场抓住，不仅要受罚，还要被姑娘取笑。

酒后，小伙子要根据菜价在姑娘不察觉的情况下将钱交给姑娘。

饭后，小伙子要跟姑娘对歌，如果歌曲对得好，两个人会越对越热烈，用词也会越大胆，然后两个人就会出去单独幽会。如果彼此感觉不对，对歌也会变得越来越平淡，两人牵手就算失败。

民族盛典

少数民族节日与内涵

阅读链接

除了傣族、德昂族和阿昌族有泼水节之外，佤族和布朗族也有这个节日。

其中，布朗族的泼水节在每年清明节后七天举行。节日第一天，全村寨青少年男女拿着竹盒、小竹篮前往河中捞沙，背回缅寺，在缅寺广场前堆沙祭佛。

第二天中午，全村老幼皆着新装，手持锥栗花、椿木树枝，齐集村头，青年击鼓列队前往缅寺，并把花朵、树条插沙堆上，每天插花三至五次，夜间青年男女尽情欢唱，热闹非凡。

佤族泼水节的当日早晨，先是寨子带头人先打一枪清脆的火药枪，告知佤族泼水节开始。早餐后，佤族的男女老幼都穿上节日盛装，各自拿着工具去山涧舀山泉水，然后人们一边唱歌一边泼水。

除泼水外，这一天，佤族人还要举行打秋千、丢包、耍长刀、射弩比赛等丰富多彩的文娱体育活动。

农历三月三，是我国汉族及多个少数民族的传统节日，古称上巳节。

以"三月三"为传统节日的少数民族主要包括广西的壮族、侗族和瑶族，海南的黎族，浙江丽水的畲族，贵州的布依族和苗族等。他们的节日活动十分丰富。

这些少数民族地区"三月三"节日活动规模盛大且热闹非凡，主要以青年恋爱为主题，有对歌、拜神、祭祖等民俗活动。

歌圩之日

三月三

壮族歌圩节传说和节日习俗

农历三月初三，是壮族的歌圩节，又称三月三歌节或三月歌圩，这是壮族的传统歌节。

壮族每年有数次定期的民歌集会，如农历正月十五、三月初三、

壮族山寨

四月初八、八月十五等，其中以三月初三最为隆重。

在壮族，关于歌节起源有许多动人的传说。其中以刘三姐的故事最为著名和普遍认同。

据说，刘三姐原来并不叫刘三姐，而叫刘三妹，是唐代的

歌仙。故事流传到后来，人们把刘三妹改成了刘三姐。

■ 五色糯米饭

刘三姐天生一副圆润的好歌喉，聪明机灵。她经常用山歌歌颂劳动与爱情，揭露和讽刺地主的剥削压迫。刘三姐的行为赢得了贫苦大众的赞赏和支持，她成了人们心中的歌仙，但同时她也成了地主的眼中钉。

一年三月初三，刘三姐上山砍柴，地主派人砍断了她攀爬的山藤，刘三姐坠崖而亡。人们为了纪念这位歌仙，就在她遇难这天聚会唱歌，一唱就是三天三夜，这便形成了歌节。

在歌圩节这一天，在离村不远的空地上，壮族人们会用竹子和布匹搭成歌棚，专门接待外村歌手。家家户户还做五色糯米饭和彩色蛋欢度节日。

在歌圩节期间，五色糯米饭是壮族三月三必不可缺的食品。

顾名思义，五色糯米饭就是五种颜色的糯米饭，即红色、黄色、紫色、黑色和白色。红、黄、紫、黑这四种颜色分别是用红蓝草、黄花、紫蕃藤和枫叶来染色。

糯米要在节日的前一天晚上就开始浸泡，直到第二天清晨女主人把它放入锅里蒸。每户人家中都会有

刘三姐 是壮族民间传说中的人物。她聪慧机敏，歌如泉涌，优美动人，有"歌仙"之誉。关于她的身世，有很多种说法，一说她出生在天河县下里的蓝靛村，那里至今还有她故居的遗址；另一说她的故乡在广西罗城仫佬族自治县。在罗城，至今还有"三姐望乡"和"秀才看榜"两块天然的大石。

一套专门用来制作五色糯米饭的工具：一个平底锅，几根木棒，一个圆形的竹编镂空板和一个盆子。

首先，在平底锅中放入适量的水，再放入搭架的木棒，把镂空板平放在木架上，最后把装好糯米的盆子放在镂空板上盖上锅盖就可以起火蒸了。

不过，糯米在盆子里放的位置是有讲究的。没经过染色的白糯米放在最底层，黑色的放在最上层，其他三种可随意些摆放。这五色糯米饭就是吉祥如意、五谷丰登的象征。

相传，这种食品是深得仙女们的赞赏后流传下来的，也有人说是祭祀歌仙刘三姐的。在节日期间，吃了这种饭，人丁兴旺，身体健壮。

在节日这天，如果家里养猪的还会自己宰杀一头猪，以及预先养

三月三节日风情

好的鸡鸭，因为节日里有请客的习俗。主人会把做好的糯米饭装进一个个食品袋里，一起放进去的还有半只鸡或者半斤肉，这是用来送给来家里的客人的。

节日当天，对歌以未婚男女青年为主体，但老人小孩都可以来旁观助兴。小的歌圩有一两千人，大的歌圩可达数万人之多。

在歌圩旁边，摊贩云集，民间贸易活跃，赛歌者的食宿一般都是附近的群众提供。一个较大的歌圩，方圆几十千米的男女青年都会来参加，届时人山人海，歌声此起彼伏，煞是热闹。

人们到歌圩场上赛歌、赏歌，男女青年通过对歌互定终身，互赠信物。在对歌的同时，还有抛绣球、碰彩蛋等有趣活动。

抛绣球主要是一种娱乐，但它同时也是壮族人喜结良缘的方式。

在歌圩节夜幕降临之后，村里未婚的男女就会迫不及待地会到寨子外去对山歌，唱着山歌找心上人。阿哥唱来阿妹对，如果在歌来歌往中姑娘家看上了小伙子，就把花绣球抛给对方。

花绣球是壮族极具特色的丝织工艺品，是姑娘给男子的定情信物。假如小伙子也看中对方，第二天便可以以绣球为证上姑娘家提亲了。一段姻缘就这样在山歌中促成了。

除了男女青年对唱山歌以外，村里的中老年人也会聚到一起进行歌圩比赛。这是一项纯娱乐的活动，一般是按男女分成两组来对歌，也可另作分组。

在节日期间，壮族人民除了对歌和抛绣球，还会集体举行一些活动，如踩高跷、30人板鞋比赛、抛绣球和千人竹竿阵。当然，这里的抛绣球与前面提到的抛绣球是有所不同的，这里的抛绣球是纯娱乐的活动，就是在空地上架起一个圆圈，在一定距离外将绣球抛过圆圈。

壮族的歌圩节一般要持续两三天，它是民间贸易的盛会，也是弘扬民族文化的盛会。

阅读链接

在歌圩节这天，壮族人请客一般是请晚餐，客人来到主人家首先要吃一碗五色糯米饭。而在晚饭正式开始之前主人家要进行一个家庭祖先的祭祀仪式。祭祀通常由女性，也就是家中的奶奶或妈妈来完成。

祭祀用品主要有：三碗糯米饭、一碗熟肉、一碗糯米酒、几个水果、一些糖果、三个汤勺和三炷香。

祭祀一般在自家的正门门口进行，点燃了香后就插在祭祀的地方。其他的东西用个米筛装着放在地上。这之后分别用三个汤勺舀满酒依次摆开，汤勺的柄要一致朝东的方向。

这时，家庭的成员跟在奶奶或妈妈后面合起双手拜一拜，然后把汤勺里的酒倒回碗中。如此重复三次，第三次时将汤勺里的酒倒掉。这样，祭祀就算结束了，收拾好东西便可以邀请客人入座开饭了。

吃饭时，一般相同辈分坐同一桌。愉快的晚饭结束后，主人必会送上一袋已准备好的五色糯米饭给将要离开的客人。

侗族三月三的传说和民俗

025

歌圩之日

三月三

　　侗族的"三月三"节，又称播种节，流行于湖南、广西壮族自治区、贵州毗邻地区，是侗家为劝民适时耕种而设，每年农历三月初三举行，节期3天。

侗族表演

民族盛典

少数民族节日与内涵

■ 侗族舞蹈

芦笙 为我国西南地区苗、瑶、侗等民族的簧管乐器。在贵州各地少数民族居住的村寨，素有"芦笙之乡""歌舞之乡"的称誉。芦笙，是少数民族特别喜爱的一种古老乐器之一，逢年过节，他们都要举行各式各样、丰富多彩的芦笙会，吹起芦笙跳起舞，庆祝自己的民族节日。

节后进入春耕大忙。节日活动各地不一，有的舞春牛，有的放花炮，有的踩芦笙，有的走亲串寨。

有关"三月三"侗族节日的来历，传说有很多。

一是传说三月三是侗族人民的播种节：

很早以前，贵州省北部的侗族住在很远的地方，在那里人们按照桐树开花的日子下谷种，秧苗出得又齐又壮。于是侗家定下了桐树开花那天为播种节的规矩。但有一年，桐树直到端午节还不开花，侗家误了播种期，颗粒无收，只好逃荒到了贵州北部。

此后，侗家吸取了教训，一到三月三，人们就吹芦笙、唱山歌，意为相互提醒该收芦、种田了。从此侗家就不再错过时令。

由于在过此节时，人们在节日期间要举行抢花炮、斗牛、斗马、对歌、踩堂等活动，为此，此节日亦称为"花炮节"。

此节日从农历三月三开始，节期为5天。

每逢农历三月初一，侗族家家户户便开始做各种节日的准备工作。

三月初二，姑娘们相邀到河边捞鱼抓虾，并与小伙子们在坡上备办野餐。

初三清晨，姑娘们精心打扮后，提上精巧的竹篮，到菜园采来满篮葱蒜，在泉边用水洗净。她们排成一字长龙，站在水边小路上，羞涩地挥动篮子，悄悄地向山坡上张望等待情郎讨取。

此时，山坡上早已站满了人，人群里边有姑娘的家人，要看看到底是哪家小伙子取走了篮子。一群穿着整洁青布对襟上衣的小伙子，在人们善意的哄笑中，一个跟一个地走上水边小路。

这时，小伙子们当众向意中人讨要篮子，得到者会迎来一阵"噢噢"的赞叹声，小伙子可与姑娘悄声约定还篮子的时间。

讨不到篮子的小伙子会招来围观者"嘘嘘"的嘲讽声，而后在寨旁山坡上对歌，以歌声继续寻觅知

端午节 我国传统节日，为每年农历五月初五，又称端阳节、午日节、五月节等。端午节是我国汉族人民纪念屈原的传统节日。习俗有吃粽子，赛龙舟，挂菖蒲、蒿草、艾叶、熏苍术、白芷，喝雄黄酒等。

■ 侗族舞蹈

拉手舞 我国民间的一种舞蹈形式。舞蹈队形以圆形为主。顺时针或逆时针方向移动。其动作以下肢步法变化为主，有向两侧横移或前后进退及抬腿、勾脚、踏足、跳跃等，贯穿于始终的动作是重拍向下的膝部颤动。舞者相互拉手，与相邻人拉手称小拉手，与相隔人拉手称大拉手。

028

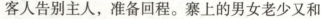

■ 侗族姑娘在跳舞

音，一直唱到天亮。

这天中午，人们都集中在寨中心的广大场地上欢歌狂舞。

三月初四，侗族村寨还要举行盛大的化装舞会。在这一天，会有来自各地的客人参加。

到时候，不管是侗族、苗族，还是汉族，他们与侗家村寨上的主人一齐在芦笙场跳拉手舞。人人都可参加。老年男子一会儿身穿锦缎长袍，一会儿换上家织布短衣。舞会中要换衣好几次。

妇女们则在新衣、新围腰上贴上各种各样的剪纸花卉，图样精细好看。舞会到高潮时，芦笙场上歌声、呐喊声、铁炮声响成一片。

侗寨"三月三"节在三月初五这天临近尾声。初五下午，侗族主人要为前来观看的邻近村寨的客人举行欢送仪式。

客人告别主人，准备回程。寨上的男女老少又和接客时一样，吹着芦笙，放响铁炮，送客人上路。边走边唱送客歌，一路依依不舍。

中年男子男扮女装，头插银饰，身穿女衣女裤。挽着男客相送，说笑打趣，以示亲热。主人把猪头、猪尾送给最主要的客人，把猪肠子挂在客人

■三月三对歌

029
歌圩之日
三月三

糍粑 用糯米蒸熟捣烂后所制成的一种食品，是我国南方一些地区流行的美食。糍粑可烤，可煮，可煎，可炸，尤其是春节期间，亲朋好友来访，最好的见面礼便是煮上一碗荷包蛋糍粑。若将糍粑包上各种馅料，风味更加鲜美可口。

的颈上，表示交朋友一定要有头有尾：客人在时热情招待，客人别离时牵心挂肠。

其他客人的颈上也分别挂上草绳穿的鸡蛋壳和过年泡的糍粑。

至此，"三月三"节日结束。

阅读链接

侗族在三月三时，要以采葱蒜的方式去寻求情人，关于这个习俗，还有一个这样的传说：

从前有个美丽的侗家姑娘良英，爱上了本寨勤劳朴实的桥生。桥生家贫，良英的父母嫌贫爱富，硬把女儿许给富家，逼迫良英三月初四出嫁。

但良英对桥生忠贞不渝。到了三月初三，良英捞了半笆篓鱼虾，采得半篮葱蒜，和桥生来到金塘洞旁古老的莫嘎树下相会。不料，他俩被富家发现。富家恶棍对他俩大施淫威，百般辱骂，乱棍毁打。

一对情人悲愤欲绝，于是各自在莫嘎树下印上一对深深的鞋印后，携手跳岩，投淘金潭而死。

后来，每到三月三，侗族青年们就要来到莫嘎树下，看看这对脚印，吹芦笙，唱山歌。姑娘们还要模仿良英的样子，给情郎送笆篓、葱蒜篮，久而久之，就形成了固定的节日。

瑶族干巴节的传说和民俗

　　瑶族以三月三为"干巴节"，这是瑶族人们集体渔猎的节日，并将捕获的野物、鱼类按户分配，共享收获的欢乐，后云集于广场，唱歌跳舞，欢度佳节。

瑶族舞蹈

美丽的瑶族姑娘

关于瑶族的这个节日来历，跟一个传说故事有关：

相传，在很久以前，野兽经常出入瑶族村寨伤人、损坏庄稼，为了保卫家园，寨子的英雄盘古率勇士上山狩猎、捕杀猛兽，盘古不幸被羚羊用角顶破腹部而当场死亡，那天正是农历的三月初三。

为了纪念英雄盘古，瑶族人民把每年的三月初三日定为纪念盘古的日子，取名为"三月三"，又名"干巴节"。

在节日这天，天刚亮时，瑶族成年男子便手持弓弩、火枪，带上粑粑，于破晓时，到老林狩猎、捕杀野兽。

留下的妇女们则在家中杀鸡、宰鸭，做糯米饭，备办丰盛的节日食物。

在做饭时，妇女们要上山采摘小靛叶等天然染料，煮水后染成各种颜色的糯米饭用于敬献盘古。

男子上山获得的野物，拿回来分配时，人人有份儿。要是猎不到野物，就会被人们取笑。尤其是小伙子要被姑娘所轻视，因此上山狩猎的小伙子总是不辞艰险，千方百计地捕获野物。

瑶族节日盛装

部分没有老林的瑶族部落村寨人民，会在黎明前出发去下河捕鱼，他们通常是男女老少结队而去。捕到的鱼虾，也按户分配，共享节日的欢乐。之后，渔猎归来的男人们将捕获的野物鱼类按户分配。

人们回到寨中，互相串门，互相祝贺，取出香甜的米酒，吃着香味扑鼻的糯米花饭，用当天的猎物或鱼，美美地饱餐一顿，但或多或少要留下一部分，挂在火炉边上，烤成野味干巴，用来以后招待最亲近的人。

晚上，大家聚于广场，男的敲铜鼓，女的或唱起歌谣，或翩翩起舞。人们尽情享受劳动之余的欢乐，预祝丰收，欢度佳节。

阅读链接

据说，部分地区的瑶族人在"三月三"这天，人们要放下手中的农活集体休息一天，以祭奠盘古，即妇女们休息做针线活、男人们读经书、喝酒、娱乐。

姑娘和小伙子们却相约到寨子边的荒山上、丛林里对歌、谈情说爱、玩耍。

畲族乌饭节的传说及民俗

农历"三月三"是畲族人民的清明节，在每年的这一天，畲族人民都会举行盛大的歌会，其主要活动是去野外"踏青"，并祭祖先拜谷神，载歌载舞，热闹非凡。

在这一天，畲族家家户户都要吃传统的乌米饭，并用此饭来款待来客，因此，"三月三"又称"乌饭节"。

乌米饭是用乌稔树的叶子煮汤，然后用这种汤将糯米浸泡半天，米捞起来以后放在容器里一蒸。这种饭看上去乌糟糟的，实在不起眼，不过，吃起来却香喷喷

畲族乌米饭

畲族人物塑像

的，吃了还想吃。如果加上山间野味、香菇、木耳等炒一炒，那味道就更美妙了。

那么，为什么畲族在三月三这一天要吃乌米饭呢？这里还源于一个古老的故事：

那是很久很久以前的一年三月，由于年前遭受虫害，收成不好，再加上山主加租增税，畲族人家家断粮。这时，可恶的山主连谷种都抢走，让畲族人民饱受饥饿之苦。

可是，狼心狗肺的山主却幸灾乐祸，他们不但不借出谷种，反而放出恶狗，把前来求借的畲族人民咬伤。

大家实在忍耐不下去了，一天夜里，身强力壮的蓝天凤带着几个年轻的后生翻墙进入山主的大院，他们撬开粮仓，把谷种一袋子一袋子扛回寨子，连夜播种下去。

第二天，山主发现粮仓被盗了，就带着十几个打手，发疯似的冲到畲族人的寨子。

为了使老百姓免于遭难，蓝

天凤挺身而出。就这样，他被山主关了进来，这天正是三月初三。

在地牢里，蓝天凤被打得遍体鳞伤，山主还串通看牢房的歪嘴，不给蓝天凤饭吃，想把他活活饿死。

消息传出，畲族的父老乡亲们纷纷前去探监，他们用播种剩下的谷种打成米，煮成饭并捏成饭团送进牢里。可饭团落到歪嘴肚子里，蓝天凤一口也没有吃到。

■ 畲族服饰

这天，去地牢送饭的是畲山最出色的歌手种秀姑娘。这个聪明的姑娘想了个办法对付可恶的歪嘴。

时值晌午，种秀姑娘挎着竹篓，竹篓里装着麻布袋，送饭来了。歪嘴一边不怀好意地看着姑娘，一边打开麻布袋，把手伸进去。这时，突然歪嘴大叫起来，接着就手脚乱蹦乱跳起来。

可是，竹篓口子太小，歪嘴的手怎么也抽不出来，疼得歪嘴满地打滚。原来，种秀姑娘在麻布袋里装了又黑又大又毒的山蚂蚁。歪嘴被山蚂蚁一咬，当天就中毒一命呜呼了。

从此以后，畲家人就从山上采来乌稔叶煮乌饭，煮成的乌饭远远看上去就好像抱成一团的山蚂蚁，那些被山蚂蚁吓破胆的狱卒们就再也不敢吃饭团了。

粮仓 我国很早就有的储藏粮食及其加工产品的专用建筑物，多为圆柱形。我国幅员辽阔，又是一个农业大国，粮食的生产及储存具有悠久的历史。地上粮仓最早是浙江河姆渡遗址出土的"干栏式"粮仓，据考证距今已有七千年的历史。地下粮仓是从地下窖发展起来的。从汉代开始采用，地下仓的形状主要有方仓和圆仓两种。

时间一天天过去，蓝天凤天天吃乌米饭，不仅伤口愈合了，还添了不少力气，因此，在畲山，乌米饭又有治乏祛病一说。

到了第三年的三月初三，蓝天凤终于被人们想办法救了出来。

为了让子孙后代记住畲家人的米饭来之不易，"三月三"被定为谷米的生日。谷米从白花花变成乌亮亮，好像穿了一件花衣裳，所以，畲山还有煮乌米饭是为了给谷米穿花衣裳、过生日的说法。

据传，畲家人通常喜欢穿的深蓝色麻布衣就是从这里悟出的道理。穿上这种衣服，不但可以防止日头毒晒，而且山蚂蚁也不敢叮。

以后，每年的农历三月初三，畲家人都要蒸制乌米饭，合家共餐，馈赠亲友。举办舞会，集体对歌，欢度节日。

在节日期间，附近几十里同宗祠的畲族云集歌场，自晨至暮，对歌盘歌，内容为歌颂盘瓠，怀念始祖。整个畲山，沉浸在一片歌的海洋之中。晚上，各家吃"乌米饭"。深夜，进行祭祖活动。

阅读链接

关于畲族乌米饭的来历，有几种不同的说法。

其一，"三月三"为米谷生日，畲族人要给米谷穿上衣服，故涂上一层颜色，祈祝丰年。

其二，三月三虫蚁不作，畲族人吃了乌米饭，上山下山不怕虫蚁。

其三，古时畲族人与敌兵交战时，敌人常来抢米饭，畲族人故意将米饭染黑，敌人怕中毒，不敢问津，畲族人便安稳吃饭，有了气力，打败敌兵。

其四，唐代畲族英雄雷万兴被关在牢房，他一顿能吃一斗米，母亲送来的饭却都被狱卒抢去，雷万兴想法让母亲将米饭染黑，从此，狱卒再也不动乌米饭。以后，族人每年以乌米饭悼念他。

各地布依族不同的习俗

　　农历三月初三，是我国布依族较为普遍的传统节日，俗称"三月三"。节日来源与活动内容，随居住地区不同有所区别。

　　贵阳市乌当区新堡乡一带布依族将"三月三"又叫"祭地蚕"，俗称"地蚕会"。

　　传说，古时新堡乡一带有一庄稼汉，发现年年春播之后都有许多地蚕将幼苗咬死。经过反复观察，他认为地蚕是天神放

布依族服饰

布依族节日盛装

到大地的"天马"。为避免幼苗遭受虫害，他用了许多方法祭祀都不灵验。

后来，他在春播时炒包谷花去喂地蚕，结果保住了幼苗。这个消息很快传到远近的布依人家。

此后，这一带的布依族为了保护农作物，争取获得丰收，于每年三月初三这天，用炒包谷花做供品，三五成群地至附近山坡祭祀"天神、地蚕"，祈求天神保佑，不叫地蚕咬死田地里的禾苗，让五谷丰登。

祭毕，人们沿田边土坎边走边唱山歌，并把包谷花撒向田土中。人们认为，祭了地蚕，既可使它们迷糊，又能封住它们的嘴巴，田里的禾苗即可免遭虫害。

后来，人们又将三月三定为"歌会节"。

贵阳南部郊区布依族把"三月三"称为"仙歌节"。节日内容与乌当区新堡乡大体相同，但他们是用唱歌的方法来祈求天神免灾。

这天，男女青年上山对歌。传说，谁唱的歌最动听，天上的歌仙听了，便会赐你一副金嗓子。你劳动到哪里，哪里就会听到金嗓子唱歌，害虫听到这声音就不敢伤害庄稼了。

在三月三这一天，居住在贵州省罗甸县的布依族同胞过的则是"扫墓节"。

在这一天，当地的布依族以两家或宗族集体到祖坟墓地挂青，杀猪宰鸡，摆设酒菜和五糯米饭祭奠。

红色糯米饭是用枫叶捣碎煮水泡出的糯米；黄色糯米饭是用山上采摘的叫染饭花的花枝浸泡的；紫色糯米饭同样是用植物汁叶制作，各种糯米单独蒸好，倒入一个大簸箕里加进白糯米搅拌，五色糯米饭就这样制成了。

三月三这天，罗甸县的布依族每家每户都用背箦把腊肉、干板菜、嫩豌豆米、蒸好的米饭和五色糯米饭装好，还带有砧板菜刀、锅瓢碗盏、镰刀、柴刀、锄头、水、祭奠用的香烛纸钱、公鸡，全家出动，直奔坟山。

扫墓后，人们在坟山上娱乐、打猎和野餐。

五谷 我国古代所指的五种谷物，分别为粟、豆、麻、麦和稻。"五谷"在我国古代有多种说法，主要的有两种：一种指稻、黍、稷、麦和菽，另一种指麻、黍、稷、麦和菽。两者的区别是前者有稻无麻，后者有麻无稻。我国古代的经济中心在黄河流域，稻的主要产地在南方，所以"五谷"最初无稻。

歌圩之日

三月三

■ 布衣族花米饭

■ 布依族祭祀

头髻 指发髻，是在头顶或脑后盘成各种形状的头发。我国古代妇女发式，因其发髻呈"十"字形故名。其法是先于头顶正中将发盘成一个"十"字形的髻，再将余发在头的两侧各盘一环直垂至肩，上用簪梳固定。这种法式主要流行于魏晋南北朝时期的贵族妇女中。

在罗甸县南部红水河一带，"三月三"又称"枫叶节"。北部坝王河一带，因气温较低，此时枫叶尚小，未能着色，以三月十三为"枫叶节"。节日这天，人们到山野踏青游春，儿童们摘嫩枫叶做成圆球抛打，妇女们则摘几片嫩枫叶插在发髻上。

此外，家家把糯米染成五颜六色，做成五色糯米饭。青年们到山坡上吹木叶、唱山歌。如遇上称心如意的对手，便相邀到布依村寨，通宵达旦地对歌。

临别时，主人家用芭蕉叶包着五色糯米饭和鸡腿肉分送歌手，作为节日的礼物。

贵州望谟县布依族传说三月初三是"寒日"，吃了狗肉可以驱寒。此日还有个"狗请客"的习俗。

贵州安龙县部分布依族传说三月三日是"山神"的生日。人们为避免山神放出蝗虫伤害庄稼，确保农业丰收，旧时有扫寨祭山神的习俗。

另外，该县德卧镇的布依族称"三月三"为"赶毛杉树"，又叫"毛杉树歌节"，为期3天，聚会者达数万之众。

云南罗平八达河一带的布依族的三月三，是男女青年唱歌对调的节日。

这一天，男女老少来到河边听青年们唱山歌，观看孩子们比赛划竹排、打水枪。有的人家还给孩子做五色糯米饭分送道边和寨旁；有的则用小花布口袋装上鸡蛋和各类食品，供玩耍和参加比赛活动的青少年吃。

■ 布依族舞蹈

■ 布依族拦门酒

　　罗平牛街的布依族男女青年则要在这3天中，举行盛大的游山、对歌和交友活动。方圆几十里的各族青年，届时也来到马把山腰一带，参加和观赏这一传统的赛歌对调活动。

　　歌手们可以在这样的场合中大显身手，凭着即兴作诗吟唱的天才，能和对手连唱三天三夜甚至更长的时间。有许多男女青年就是通过这些活动建立了恋爱关系。他们唱到情投意合处，互赠信物，不久就消失于密林深处。

阅读链接

　　在贵州省贵阳市，有的地区的布依族还将这一天作为祭社神、山神的日子。

　　如清代书籍《南笼府志》中所言，"其俗每岁三月初三宰牛祭山，各聚分肉，男妇筛酒、食花糯米饭""三四两日，各寨不通往来，误者罚之"。

　　因此，这些地区的布依族人又称"三月三"是"仙歌节"。一村或邻近几个村临时集资买猪、牛宰杀供祭，供祭之日，外人禁止入村。

　　这一天，关岭地区要做清明粑，贵州省西部地区布依族人要扫墓，有的地区这天集会唱歌游玩，进行社交活动。

黎族三月三的传说和民俗

"三月三"是海南黎族群众纪念先祖、喜庆新生、赞美生活、追求爱情的传统节日。"三月三"历史悠久，宋代史籍中就有与"三月三"相关的记载。宋代诗人范成大在《桂海虞衡志》中道：

春则秋千会，邻峒男女装束来游，携手并肩，互歌互答，名曰作剧。

黎族少女

■ 黎族节日盛装

竹筒香饭 黎族饮食。是用竹筒烤制的米饭。将适当的米、水放进嫩竹竹筒里，在火堆上慢烤。水沸后，用木塞或树叶封闭筒口，继续慢烤，并随时翻动。熟后用刀破开竹筒即可食用。清香爽口，制作简单，尤适于野炊。带上米、水、上山取竹为筒，就地生火，便可制作竹筒香饭。

自古以来，每年农历三月初三，黎族人民都会身着节日盛装，挑着山兰米酒，带上竹筒香饭，从四面八方汇集一起，或祭拜始祖，或三五成群相会，对歌、跳舞、吹奏乐器来欢庆佳节，青年男女更是借节狂欢，直到天将破晓。

黎族三月三节的来历有多种说法。

一种是：在上古时期，聚居在昌化江畔的黎族遭受了一次特大洪灾，人畜死亡，只剩下一对叫南音和天妃的兄妹。兄妹两人长大成人以后，决定分头寻找伴侣，相约每年三月三再回到燕窝岭下相会。

结果几年过去两人无功而返。妹妹见找不到别人，就忍痛用竹签在自己的脸上刺上花纹，又用植物染上了颜色，不让哥哥认出自己，与哥哥结为夫妻，从而使种族得以延续。

于是，在一年的三月初三，他们就在燕窝岭下结为夫妻，在燕窝岭纺纱织布，生儿育女，开荒种田，挖塘养鱼，为黎族人民繁衍了后代。这就是黎族三月三节和纹面来历的传说。

　　以后每年三月三，南音和天妃娘子跟子孙们便回到燕窝岭迎接春天。许多年过去后，天妃和南音沉睡在山洞里，化成一对石头。黎族后代为了纪念这两兄妹传宗接代的功绩，把石洞取名为娘母洞。

　　每年三月三这天，黎族男女老少都要带着糯米、糕饼、粽子和山兰米酒，从四面八方赶到娘母洞前纪念祖先，以对歌和舞蹈祈求本民族繁衍幸福。

　　后来，每逢三月三，黎族人民都以各种方式来纪念这个吉祥的节日，后来，三月三也就自然成了黎族的盛大节日。

　　还有一种是：相传在很久以前，在俄贤岭的山洞里有一只作恶多端的乌鸦精，使黎民百姓不得安居乐业。一天乌鸦精抓到了美丽的黎族少女俄娘。

　　这年三月三，俄娘的心上人阿贵带尖刀、弓箭上

纹面　黎族的纹面是黎族人主要的标记，据说黎族先人崇拜蛇图腾，他们喜欢在自己身上纹上与蛇虫一样的图案，而且黎族女子的纹面也体现了等级关系，纹面是有身份妇女的一种装饰。黎族纹面历经数千年，是黎族一笔极其宝贵的文化遗产。

■ 黎族节日表演

民族盛典
少数民族节日与内涵

鼻箫 黎族富有特色的边棱气鸣乐器，因用鼻孔吹奏而得名。吹孔设在管端节隔中央，流行海南岛黎族，黎族语也称"虽劳""屯卡""拉里各丹"。历史久远，1000多年前已在我国海南岛民间流传。箫管用石竹制作，其长短、粗细规格不一，吹孔在竹管的细端。

山救俄娘，被乌鸦精害死。

俄娘闻讯悲痛万分，终于趁乌鸦精熟睡之机杀死了它，为阿贵报了仇，为黎族百姓除了大害。

俄娘终生未嫁，每年农历三月三这一天，她都会到山洞唱她和阿贵恋爱时的情歌。后来，黎族人民为了纪念她，把这山洞取名为俄娘洞。

每年三月三这一天，附近的黎族未婚青年男女都会在俄贤岭集会，唱着情歌寻找自己的意中人。此项活动逐年扩大并传播至海南各个黎族居住区，在海南黎族中形成盛大的传统节日。

三月三是黎族千百年流传下来的文化资源，是黎族文化最具体最典型的表现，也是黎族青年男女追求爱情和幸福的传统佳节。其民俗主要特色与价值是黎族生产、生活等整体民俗风貌的集中体现，是世人了解黎族文化和历史的窗口。

每年农历三月初三，居住在东方市的黎族同胞盛

■ 黎族竹竿舞

装打扮，带着山兰米酒、竹筒香饭、粽子，成群结队汇聚到会合地点，以对歌、荡秋千、打叮咚、吹鼻箫、跳打柴舞、张弩射箭和粉枪射击等民间活动来欢度节日。

居住在三亚市的黎族同胞，则以猪头、米酒和饭团为祭品，前往三亚落笔洞祭祀，祈求祖先保佑家人平安、五谷丰登、六畜兴旺。

在节日这天，五指山区更是一片欢乐的景象。黎族人民举行隆重的集会，预祝山兰稻、狩猎丰收。老人拎着酒坛到亲友家喝酒庆贺，男女青年更加活跃。

早晨，姑娘们个个穿着民族服装拥向五指山。她们将竹筒挂在树上，潜入附近的密林。当旭日东升，手持花伞的小伙子们吹着口哨来到山坡，推举代表用歌声向林中发问。

不一会儿，姑娘们一齐冲出来，男女青年一齐欢歌劲舞。有情意的姑娘则走到小伙子身边，在花伞下并肩谈心。如两人情投意合，则互赠礼物留念。

节日期间，青年男女一般都要表演"跳竹竿"。此项活动由12人或16人参加，8人摆竿，4人或8人跳竿。活动在锣鼓和音乐声中开始，持竿的8人有节奏地使手中竹竿一开一合，跳竿的人则随着竹竿的开合，在竹竿中跳跃、转身。

■ 黎族歌舞表演

打柴舞 黎语叫"转刹"，是黎族最古老、最受欢迎的舞种之一，起源于古崖州黎族丧葬活动。随着时代的变迁，打柴舞的习俗在黎族人中逐渐流传演变。如今，它已成为一种带有民族文化色彩的体育健身活动，并迅速传播到了国内外，被国际友人誉为"世界罕见的健美操"。

此项活动也是黎族青年传播爱情的一种手段。获胜的姑娘常是小伙子追求的目标，而取胜的小伙子也往往是姑娘的心上人。

另外，三月三也是海南黎族人民最盛大的民间传统节日，是黎族青年的美好日子，又称爱情节、谈爱日，黎语称"孚念孚"。

在这一天，海南各县、镇、乡、村都要举行隆重的欢庆活动。

会场一般设在开阔的橡胶林里，幽邃、凉爽、安谧。有时一对对情人悄悄离开篝火旁，小伙子把耳铃挂在姑娘耳朵上，把鹿骨做的发钗插在姑娘的发髻上，姑娘把自己亲手精心编织的七彩腰带系于情郎腰间，双方信誓旦旦，相约明年三月三不见不散。

阅读链接

关于黎族三月三的来历，除了以上的两种说法，还有一种说法：三月三是为了纪念黎族的远古祖先"黎母"诞生、庆祝黎族人民幸福吉祥、繁衍昌盛而举行的节日。

相传，在远古的时候，海南没有人类，山上只有各种飞禽走兽。有一天，天上的雷公经过这里，他找来一颗蛇卵，藏在山中。

第二年"三月初三"这天，雷公再次经过，他从天上打下一声惊雷，把藏在山上的蛇卵裂开两半，从里面走出一个美丽的姑娘。雷公为姑娘取了个名字叫"黎"。

于是山中的五色雀、梅花鹿，还有各种小动物都跑来庆贺，它们叫她"阿黎姑娘"。

黎姑娘长大后，一天，有个英俊勇敢的小伙子跨海来到海南岛，寻找一种珍贵的香料沉香。小伙子在山中遇到阿黎姑娘，并和她结为夫妻。

夫妻两人死后，他们的子孙后代为了纪念自己的始祖，尊称她为"黎母"，把他们脚下这座母亲山叫"黎母山"，他们自称"黎人"。

火把节是我国少数民族彝族、白族、纳西族、拉祜族、普米族、基诺族、哈尼族、景颇族和傈僳族等重要的传统节日。

其中，彝族、纳西族和基诺族等在农历六月二十四举行，白族在农历六月二十五举行，拉祜族在农历六月二十举行，为期两三天。

火把节有着浓厚的民俗文化内涵，蜚声海内外，被称为"东方的狂欢节"。节日期间的主要活动有斗牛、斗羊、斗鸡、赛马、摔跤、歌舞表演和选美等。

彝族火把节传说与习俗

　　火把节是彝族的传统节日，四川、云南的彝族一般在农历六月二十四前后举行，贵州彝族则在农历六月初六左右进行。

　　火是彝族追求光明的象征。在彝族地区，对火的崇拜和祭祀非常普遍，关于火把节由来说法不一，其中影响最大、流传最广、最具代表性的是彝族英雄斗败天神恶魔并团结民众与邪恶和灾害不断抗争的故事。

　　相传，在远古的时候，天上有6个太阳和7个月亮，白天有烈日暴晒，晚上有强光照耀，

彝族火把节歌舞表演

■ 彝族同胞在庆祝节日

土地荒芜，妖魔横行，世间万物面临着灭顶之灾。

就在这个时刻，彝族英雄支格阿龙射死了灼热的5个太阳和6个月亮，驯服了剩下的最后一个太阳和最后一个月亮，治服了肆虐的洪水，消灭了残害人间的各种妖魔。

从此，天下风和日丽，水草丰茂，彝族人民开始过着安居乐业，世外桃源般的生活。

但是，统治天地万物的天神体古孜看到人间如此的繁荣富足，心怀不满，于是就年年派他的儿子大力神斯热阿比率天兵到人间征收苛捐杂税。

天兵所到之处，烧杀抢掠，无恶不作。好端端的人间又被天神恶魔搅得民不聊生，人们生活在水深火热之中，苦不堪言。

后来，支格阿龙的故乡出了个彝族英雄叫黑体拉巴，他力大无穷，智慧超人，英勇无畏，跨上骏马能日行千里，迈开脚步可飞檐走

■彝族女子在歌唱

燧石 俗称"火石"，古代原始人常用的取火工具。它致密、坚硬，多为灰、黑色，敲碎后具有贝壳状断口。燧石由于坚硬，破碎后产生锋利的断口，所以最早为石器时代的原始人所青睐，绝大部分石器都是用燧石打击制造的。燧石和铁器击打会产生火花，所以它也是原始人常用的取火工具。

壁。他经常为各个部落排忧解难，除暴安良，深受民众的爱戴。

一天，黑体拉巴上山打猎，站在高高的山巅上，陶醉在美不胜收的景色之中，他禁不住引吭高歌，抒发对大自然的热爱，对美好生活的渴求。

高亢的歌喉引来了另一座山上牧羊的姑娘妮璋阿芝悠扬婉转的歌声。他们隔着高山河流对唱情歌直到天黑。从此，他们相亲相爱，山盟海誓。

早就对妮璋阿芝垂涎三尺的大力神斯热阿比听说了两人的恋情，心里交织着愤恨和嫉妒，总想找机会置黑体拉巴于死地。

没过多久，忍耐不住嫉恨的斯热阿比便下凡挑战，想与黑体拉巴摔跤决斗。结果在摔跤决斗中，斯热阿比被彝族民间英雄黑体拉巴摔死，天神为此大怒，便放出铺天盖地的蝗虫到人间毁灭成熟的庄稼。

聪明的妮璋阿芝翻山越岭，找到了天边的一位德高望重的大毕摩，毕摩翻看了天书，告诉妮璋阿芝：消灭蝗虫，要用火把。

妮璋阿芝和黑体拉巴带领民众上山扎蒿秆火把，扎了三天三夜的火把，烧了三天三夜的火把，终于烧死了所有的蝗虫，保住了庄稼。

看到这情景，可恶的体古孜暴跳如雷。使用法力将劳累过度的黑体拉巴变成了一座高山。妮璋阿芝看着这一切，伤心欲绝，痛不欲生，在大毕摩的祈祷声中舍身化作满山遍野美丽的索玛花盛开在黑体拉巴变成的那座高山上。

这一天，正好是农历的六月二十四。从此，彝族人为了纪念这一天，每年的农历六月二十四便要以传统方式击打燧石点燃圣火，燃起火把，走向田野，以祈求风调雨顺、来年丰收。

人们载歌载舞，普天同庆抗灾的胜利，歌唱黑体拉巴的英勇和妮璋阿芝的聪明美丽。久而久之，便形成了彝家一年一度的火把节。

彝族火把节一般历时三天三夜，分为迎火、玩

毕摩 彝族从事原始宗教和文化活动的人，相当于巫师、祭司、经师。"毕"意即诵经者，"摩"即大。毕摩有文化，掌握古彝文和本民族的文化习俗、历史和宗教等知识，可以主持村中的祭祀活动，以及禳鬼治病、占卜、婚礼等。毕摩是彝族传统文化的传承者。在彝族，他被视为神灵的使者。

火的圣典

火把节

■ 彝族多彩的服饰

■ 彝族舞蹈

糌粑 我国藏族牧民传统主食之一。"糌粑"是炒面的藏语译音,它以青稞磨成的粉为原料,炒熟后,以酥油为黏合剂制作而成。它是藏族人民天天必吃的主食,在藏族同胞家做客,主人一定会给你双手端来喷香的奶茶和青稞炒面,金黄的酥油和奶黄的"曲拉"、糖叠叠层层摆满桌。

火、送火三个阶段。

其中,迎火也称为"都载",这一天,村村寨寨都会杀牛宰羊杀猪,以酒肉迎接火神,祭祖,妇女还要赶制荞馍、糌粑面,在外的人都要回家吃团圆饭,一起围着火塘喝自酿的酒,吃坨坨肉,共同分享欢乐和幸福。

夜幕降临时,邻近村寨的人们会在老人选定的地点搭建祭台,以传统方式击打燧石点燃圣火,由毕摩诵经祭火。

然后,家家户户,由家庭老人从火塘里接点用蒿秆扎成的火把,让儿孙们从老人手里接过火把,先照遍屋里的每个角落,再田边地角、漫山遍野地走过来,用火光来驱除病魔灾难。

最后,大家再集聚在山坡上,游玩火把,唱歌跳舞，做各种游戏。

火把节的第二天称为坑火，也称"都格"，意为颂火、赞火，是火把节的高潮。

天刚亮，男女老少都穿上节日的盛装，带上煮熟的坨坨肉、荞馍，聚集在祭台圣火下，参加各式各样的传统节日活动。

成千上万的人聚集在一起，组织赛马、摔跤、唱歌、选美、爬杆、射击、斗牛、斗羊、斗鸡等活动。姑娘们身着美丽的衣裳，跳起"朵洛荷"。

在这一天，最重要的活动莫过于彝家的选美了。年长的老人们要按照传说中黑体拉巴勤劳勇敢、英俊潇洒的形象选出美男子。同时，还要选出像妮璋阿芝

坨坨肉 彝语称"乌色色脚"，指猪肉块块。因其每一块肉的重量均在二三两上下，成"坨"状，故名。彝族的主要煮肉形式，将猪肉或羊、牛肉砍好，用冷水煮熟，不下任何作料，包括盐；肉熟后捞起，再撒蒜水、盐及花椒等即可食用。吃时需用双手拿肉。其味非常鲜美。

火的圣典

火把节

■ 彝族节日盛装

月琴 我国拨奏弦鸣乐器，由阮演变而来。流传于汉、彝、布依、哈尼等民族中，用于独奏、合奏及歌舞、戏曲、说唱表演的伴奏。音色清脆，常用于独奏、民间器乐合奏、歌舞、戏曲和说唱音乐伴奏。月琴音箱呈满圆形，琴脖短小。全长62厘米，音箱直径36.3厘米。

那样善良聪慧、美丽大方的美女。

当傍晚来临的时候，成千上万的火把，形成一条条的火龙，从四面八方涌向同一个地方，最后形成无数的篝火，烧红了整个天空。人们围着篝火尽情地跳啊唱啊，一直闹到深夜，场面宏大，气氛热烈。

当篝火要熄灭的时候，一对对有情男女青年悄然走进山坡，走进树丛，在黄色的油伞下，拨动月琴，弹响口弦，互诉相思。为此，也有人将彝族火把节称作是"东方的情人节"。

火把节的第三天，彝语叫"朵哈"或"都沙"，意思是送火。这是整个彝族火把节的尾声。

■ 彝族男子的特色服饰

这天，夜幕降临时，祭过火神吃毕晚饭，各家各户陆续点燃火把，手持火把，走到约定的地方，聚在一起，搭设祭火台，举行送火仪式，念经祈祷火神，祈求祖先和菩萨，赐给子孙安康和幸福，赐给人间丰收和欢乐。

人们围着火把念唱祝词：

烧死瘟疫，烧死饥饿，烧死病魔，烧出安乐丰收年……

这时，还要带着第一天宰杀的鸡翅鸡羽等一起焚烧，象征邪恶的精灵和病魔瘟神也随之焚毁了。

然后，人们还要找一块较大的石头，把点燃的火把、鸡毛等一起压在石头下面，喻示压住魔鬼，保全家人丁兴旺，五谷丰登，牛羊肥壮。

■ 彝族少女

最后，山上山下各村各寨游龙似的火把聚在一起，燃成一堆大篝火，以示众人团结一心，共同防御自然灾害。

在我国少数民族传统节日中，彝族火把节是最具魅力的节日之一，享有"中国民族风情第一节""东方狂欢夜"的美誉。

阅读链接

彝族火把节的由来虽有多种说法，但其本源当与火的自然崇拜有最直接的关系，它的目的是期望用火驱虫除害，保护庄稼生长。火把节在凉山彝语中称为"都则"即"祭火"的意思；在仪式歌《祭火神》《祭锅庄石》中都有火神阿依迭古的神绩叙述。

火把节的原生形态，简而言之就是古老的火崇拜。

在彝族地区，对火的崇拜和祭祀非常普遍，云南泸西县彝族在正月初一和六月二十四，由家庭主妇选一块最肥的肉扔进燃烧的火塘祈祷火神护佑平安。

永仁县彝族在同样正月初二或初三奉行祭火，称作开"火神会"，凉山彝族把火塘看作是火神居住的神圣之地，严禁触踏和跨越。

白族火把节传说与习俗

白族少女

每年农历六月二十五，是白族人民盛大的火把节。这个节日是白族人民秋收前夕预祝丰收的节日。

关于火把节的由来，白族人民中流传着一个生动的民间故事。

相传，1000多年前，南诏王皮罗阁是六诏中势力最大的一个，他野心勃勃，企图吞并六诏，然后把才智过人、年轻貌美的宾川诏夫人霸占为妻，这是一位慈善夫人，人们又称为白洁夫人。

白族舞蹈

　　为此，他以召开六诏会议为借口，建造了一座最易燃火的松明木楼房，宴请各诏主到松明楼聚会。南诏王的这一阴谋没有瞒过聪明的白洁夫人。她知道此去凶多吉少，劝自己的丈夫不要去参加会议。

　　但当时由于南诏王的权势，宾川诏主不敢违约，白洁夫人在无可奈何的情况下，洒泪送行丈夫，行前拿出铁镯一副，亲自戴在丈夫手上。

　　赴宴之中，南诏王派人点燃了松明楼，当熊熊火焰腾空而起的时候，各诏派兵营救，但为时过晚。不出白洁夫人所料，各诏国主都被大火烧死。

　　白洁夫人闻讯赶到后，烧死的国主侍从只剩下一堆黑黑的焦骨。白洁夫人星夜点燃火把，在这堆焦骨中用双手挖寻丈夫尸首，致使十指鲜血淋漓，最后才在一支套有铁手镯的焦骨上找到自己丈夫的遗骨。她悲愤万千，抱着丈夫的尸骨纵身跳入洱海。

　　后人为了纪念白洁夫人的贞节美德，在农历六月二十五这天，村村寨寨竖立火把，以表示对白洁夫人

南诏王 姓蒙，始祖叫蒙舍龙。蒙舍诏因其位于诸诏之南，又称南诏。738年，蒙舍诏首领皮罗阁在唐朝支持下兼并五诏，封为云南王，以西洱河，也就是后来的洱海地区为基地建立南诏国。第二年迁都太和城，也就是后来的大理。皮罗阁是南诏国第一代国王之子。

■ 白族绣花围涎

少数民族节日与内涵

祭品 就是祭祀时用的物品。根据不同种族和不同地域，祭品的形式也是十分丰富，有动物如猪、牛、羊、鸡，也有植物，还可以是衣物等物品。祭品的不同，不仅反映了不同部族的生活习俗，传达了农业文明对中华民族的巨大意义，并暗示了礼的起源。

的怀念，这便是白族火把节的由来。

此外，农历八月二十三的鱼塘会，过去曾叫花船捞尸会，据说也是白族人民用来纪念白洁夫人的。

白族的火把节庆祝只有一天，但是非常热闹。

节日当天，白族男女老少聚集一堂祭祖。通过拜火把、点火把、耍火把、跳火把等活动，预祝五谷丰登、六畜兴旺。节日在当日白天做准备，在太阳落山后开始启动。主要有如下内容：

节日前夕，全村同竖一根高一二十米的大火把。这个火把是用松树做杆，上面捆着麦秆、松枝，顶端插一面旗。

旗杆用竹竿串联3个纸篾扎成的升斗，意为"连升三级"。每个升斗四周要插上国泰民安、风调雨顺、人寿年丰、五谷丰登、六畜兴旺之类字画的小纸旗，以求吉祥；升斗下面则挂着火把梨、海棠果、花炮、灯具以及五彩旗。

到了中午，人们则要带上小火把、纸钱、香烛、供品等的物品到祖坟前扫墓、祭奠。小火把点燃后，撒三把松香熏墓等火把燃到把杆后大家才能回家。

这一天太阳落山前，各家要提前吃完晚饭，扶老携幼出门观赏火把和跑马。

跑马的有大人有小孩。绕大火把跑三圈后，才能向远处驰骋。不跑马的，就挨家挨户欣赏各家门前的火把，看谁家火把精致美观。在全村的大火把点燃之前，年轻的媳妇们打着伞，背上新生婴儿在火把下转三圈，以求祛邪得福。

夜幕降临时，村中老人领头献祭品，向大火把叩头。几个勇敢矫健的小伙子，一个接一个地攀上高竖的大火把，将小火把逐人上传将大火把点燃。霎时，烈焰腾空，鼓乐大作，鞭炮齐鸣，响彻云霄，场面分外壮观。

当火把上悬挂升斗的竹竿被烧断时，人们争相抢夺凌空飞下的升斗。抢到者被视为有福之人，受到大

六畜　又称"六扰"或"六牲"，是六种家畜的合称，即马、牛、羊、猪、狗、鸡。我们的祖先早在远古时期，根据自身生活的需要和对动物世界的认识程度，先后选择了马、牛、羊、鸡、狗和猪进行饲养驯化，经过漫长的岁月，逐渐成为家畜，六畜各有所长，在悠远的农业社会里，为人们的生活提供了基本保障。

061

火的圣典

火把节

■ 白族歌舞表演

辟邪 即避凶，"辟"即"避""邪"即"凶""不好"。辟邪是一类铭记历史教训、避免重蹈覆辙的信物。广义而言，民间使用的辟火、辟水、辟兵、辟车等都可称为辟邪。广义的辟邪，或者民俗中的辟邪应该指一种行为以及它所引起的一些礼仪形式。狭义的辟邪，是辟邪行为的一种工具。

家的祝贺，被众人拥着回家，由上一届的抢升斗冠军用烟、酒、茶款待此人。下一年度大火把上的升斗就由抢得升斗的人准备。

火把节的高潮是耍火把。男女青年各持一个火把。见人就从挎包里抓出一把松香粉往火把上撒。每撒一把，发出耀眼的火光，发出"轰"的一响，火苗燎向对方，叫作"敬上一把"。

白族认为，火苗指向可燎去人们身上的晦气，喜气洋洋。燎耍过后，青年们要成群结队，举着小火把到田间地头，向火把撒松香粉，给谷物照穗，其意是消除病虫保丰收。

火把节的尾声还要跳火把。午夜前后，人们把狂欢时燃烧着的火柴棍堆成一堆堆的篝火。男女青年一个接一个地从篝火来回跨越两三次，祈求火神"禳灾祛邪"。

■ 白族老人在演奏

白族集体歌舞

同时，还要看谁跳跨得高、跳得远，直到尽兴为止。

在节日这天的最后，大家互相道别散去。临走的时候，人们还要到燃尽的火把下面，捡一些木炭回去，并把它们放在房子的外面，据说，这样还可以辟邪呢。

<table>
<tr><td rowspan="2">阅
读
链
接</td><td>在白族的部分村落，有的地方在火把节这天，白天还要举行斗牛、摔跤等娱乐活动；入夜则点燃火把，成群结队行进在村边地头、山岭田埂。远处望去，火龙映天，蜿蜒起伏，十分动人。

最后，人们还会一起聚到广场，将许多火把堆成火塔，火焰熊熊，人们围成一圈，唱歌跳舞，一片欢腾。</td></tr>
</table>

纳西族火把节传说和习俗

　　纳西族称火把节为"创美生俄"，有"初以库市迪，若以生俄迪"的谚语，意思就是冬季最大的节日是春节，夏季最大的节日是火把节。这是纳西族人民仅次于春节的一个隆重节日。

纳西族妇女

《丽江竹枝词》中就有这样的诗句来描写纳西族农村热闹的火把节：

星回佳节例相沿，
火炬村村照稻田。
谷穗出头看火把，
老农相庆兆丰年。

关于纳西族火把节的来历，也有一个传说故事：

相传很久很久以前，天神子劳阿普非常嫉妒人间的幸福生活，就派一位年老的天将到人间，要他把人间烧成一片火海。

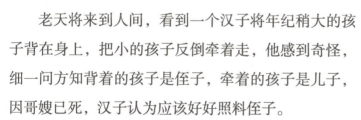
■ 纳西族老人

老天将来到人间，看到一个汉子将年纪稍大的孩子背在身上，把小的孩子反倒牵着走，他感到奇怪，细一问方知背着的孩子是侄子，牵着的孩子是儿子，因哥嫂已死，汉子认为应该好好照料侄子。

老天将被这样的人间美德深受感动，想着人们的心地是如此善良，怎忍加害于他们，便将天神命他烧毁人间的消息告诉给那汉子，要他告诉人们于六月二十五那天事先在门口点燃火把，并一连点3个晚上，点得越旺越好，以此免去灾难。

于是，善良的人们相信了老天将的话，就按照他的方法，纷纷点起火把，一连三天三夜，火光冲天。

纳西族 我国的少数民族之一。纳西族主要聚居于云南省丽江市古城区、玉龙纳西族自治县、维西傈僳族自治县、香格里拉县、宁蒗彝族自治县、永胜县及四川省盐源县、木里藏族自治县和西藏自治区芒康县盐井镇等。由于纳西方言的差异，有纳西、纳、纳日、纳罕、纳若等多称呼。但基本族称都是"纳"。

■ 纳西族舞蹈

芦笙舞 一种以男子边吹"芦笙"同时以下肢，包括胯、膝、踝的灵活舞动为主要特征的传统民间舞蹈。它流传广泛，流行于我国南方苗族、侗族、水族、仡佬族、彝族、拉祜族、傈僳族、纳西族等少数民族地区的民间舞蹈。笙分葫芦笙与芦笙两大类。葫芦笙用葫芦做笙斗，芦笙为木制笙斗。

天神在天上看了3个晚上，看到人间一片火海，以为人们早已在火海中灭亡，便沉沉地睡去，再也没有醒来。后来，纳西族人民就把这天定为火把节。

纳西族的火把节要过3天，一般是在农历六月二十五至二十七，金沙江一带的纳西族人是农历六月二十四到二十六。

火把节的第一天，人们选择又好又长的松木，劈成细条，中间加上易燃的松明，捆扎成火把。傍晚，各家门前的火把就点燃了。寨子里的青年们个个拿着又细又长的小火把，沿着田埂、山路，边走边唱，直到深夜。

第二天的火把普遍要比第一天的高出一节。

第三天是火把节的高潮，火把扎得又高又大，装饰得很漂亮。所有角落都照遍，以求照亮庄稼，消灭害虫，预祝丰收。人们高举火把，尽情歌舞，通宵达旦。

在节日期间，纳西族人白天还要举行斗牛、摔跤和对唱民歌等。晚上家家点燃大火把，高高插在粮架顶或树上，并在院中或巷道点燃很多小火把。小孩子要举着火把游转，往火把上撒松香粉，跳火把，大人跳芦笙舞。

有的村寨到了夜晚，还要把各家火把集中在村外燃烧。在人群聚居的地方，还要点巨型火把、燃放孔明灯等，并围着火把尽情狂欢。

此外，城镇的纳西族人还有独特的庆祝方式，他们家家把火把排在门前街上，一排排火把齐燃，把大街小巷照得如同白昼，火把如林，人流如潮。火把燃得越旺，就越吉利，人们越高兴。

孔明灯 又叫天灯，相传是由三国时的诸葛孔明发明的。当年，诸葛孔明被司马懿围困于平阳，无法派兵出城求救。孔明算准风向，制成会漂浮的纸灯笼，系上求救的讯息，其后果然脱险，于是后世就称这种灯笼为孔明灯。另一种说法则是这种灯笼的外形很像诸葛孔明戴的帽子，故名。

阅读链接

丽江县大研一带的纳西妇女，在火把节这一天，还要穿上特殊的"披星戴月"服饰。

这种服饰大襟宽袖布袍，袖口挼至肘部，外加紫色或藏青色坎肩；下着长裤，腰系用黑、白、蓝等色棉布缝制的围腰，上打百褶，下镶天蓝色宽边；背披"七星羊皮"，羊皮上端缝有两根白色长带，披时从肩搭过，在胸前交错系在腰后。

羊皮披肩典雅大方，既可起到装饰作用，又可暖身护体，以防风雨及劳作时对肩背的损伤。羊皮披肩是丽江纳西妇女服饰的重要标志。

它一般用整块纯黑色的羊皮制成，剪裁为上方下圆的形状，上部缝着6厘米宽的黑边，下面再钉上一字横排的7个彩绣的圆形布盘，圆心各垂两根白色的羊皮飘带，代表北斗七星，俗称"披星戴月"，象征着纳西族妇女早出晚归，披星戴月，以示勤劳之意。

拉祜族火把节传说和习俗

在拉祜族心目中，火把节是"男人节"，而春节是"女人节"。拉祜族人习惯把火把节叫作六月二十四，火把节和春节是拉祜族最为隆重的两个节日，一般都要回老家与亲朋好友们一起度过。

■拉祜族青年

关于拉祜族火把节的来历，还有一个传说故事：

从前，在拉祜族人居住的山上住着一个善人和一个恶人，恶人专吃人眼。

六月二十四这天，善人用蜂蜡裹在山羊角上，点燃蜂蜡后叫山羊去找恶人，恶人看到火花，以为人们拿火枪来打他，便急忙躲进了山洞里，并用石块堵住洞口，结果被洞里冒出来的水给淹死了。

■ 拉祜族特色服饰

从此，人们就不再担心恶人来吃眼睛，可以安安稳稳地搞生产了。

后来，每年的六月二十四，拉祜族人民便高举火把，以示庆贺，久而久之，这一天，便成了他们的火把节。

火把节这天，拉祜族人要点着火把到田间地里举行叫魂仪式。路遇拉祜族人家叫魂，切记不能与他们讲话，否则被认为惊动神灵，也不能随意触摸治鬼器具。

此外，在火把节这天，拉祜族人还有以下习俗：

在节日这天，拉祜族人每家必须杀一只鸡，肉多的地方煮吃，骨头多的地方剁碎后与青辣子炒吃，并看卦总结上半年的生产生活，预测下半年的吉凶祸福。有条件的话宰羊，或者买几斤羊肉吃。

叫魂 又称"喊惊""喊魂"等。我国古代汉族地区的民俗，后来流行于全国大多数地区。古人认为，人有疾病将死，魂魄离散，须招魂以复其精神，延其年寿，因而有"招魂"之俗。后世婴孩儿童若惊吓所致，以致魂不附体，此时即须叫魂收惊，使魂魄归来。各地方式不一。

火把节的篝火

为了过好火把节，拉祜族人在平时还要从山上找一些草根树木留着，用来火把节晚上与米、鸡内脏、鸡头脚或者羊肉一起炖吃。

吃好后睡觉，不得喝冷水和吹风，第二天最好还是躺在床上休息。一般是老人、有病的人吃，小孩和年轻人一般不吃。

平时还要找些松香、晒干的松树等，并找一些面瓜叶、黄瓜叶捻细搅拌在一起，有时还要找些火药。

到火把节的当天晚上，大家一起点起火把从房子的每个角落撒起，逐步撒向附近的瓜果树木。

拉祜族人在过火把节时，一般休息3天，在这3天里，人们迎来送往地走亲串戚，商谈上半年的生产生活情况和下半年的打算。不过，后来，拉祜族居住的地方开始种烤烟，有的地方由于生产的需要，仅休息一天。

从前，火把节期间，拉祜族男人还要外出狩猎，打些野味食用。

阅读链接

过去，拉祜族人心目中认为，农历二月初八过后，死去的人和活着的人是经常在一起的。到了六月的火把节，拉祜族人认为是阴间丰收的季节，祖先不再挨饿，便得跟他们分开。

于是，拉祜族人便会对缠着活人的阴魂进行驱赶，对经常患病、身体虚弱的人进行叫魂。叫魂一般请"魔八"来进行，需要鸡、米、盐和红白蓝黑线等。

普米族火把节传说和习俗

　　普米族的火把节通常在农历六月二十五举行。居住在宁蒗彝族自治县的普米族，到了火把节这天，要举办祭祀火神活动。

　　据传，普米族人崇拜的火神叫昂姑咪，本是摩梭人的女始祖。她

普米族少女

■普米族的乐器

摩梭人 生活在我国云南省西北，四川、云南交界处风光秀丽的泸沽湖畔，他们是纳西族的一个分支，但没有文字。泸沽湖以其独特的摩梭风情和秀丽的山水风光闻名于世。在金沙江东部的云南省宁蒗彝族自治县以及四川盐源、木里藏族自治县等县。摩梭人的语言、服饰、婚姻习俗跟金沙江西部的纳西族有差异。

为了子孙和普米族的幸福，潜入天宫盗来了火种，并以自己的身体当火炬把火种引到了人间，让摩梭人和普米族同时获得了火。为了世世代代不忘昂姑咪的恩德，普米族便把昂姑咪带来火种这天定作祭祀的火把节。

普米族的火把节的另一个由来，据说是惹怒了天官，天官在办法最多的鹌鹑鸟调解下订出了天规：每年农历六月二十五，普米族年年要祭祀，户户耍火把。不然，虫子就要来吃荞麦，老天爷就要下雪弹子来打庄稼，大象就要来糟蹋粮食。

这种风俗沿袭下来，就成了后来的火把节。

火把节的一大早上，普米族人便在各自的村寨口，栽下一棵大松树，象征昂姑咪的化身。树上挂满小火把，村中有多少人，就要在树上挂系与人口数相符的小火把。下午用牲礼祭过化身后，由村中年岁最高的一位老妇人将化身的大松树点燃。

参加活动的人，各从化身上取下一个小火把，也在化身上将其点燃。之后，众人在老妇人的带领下，环化身跳起锅庄舞，歌颂昂姑咪献身传火的功绩。

礼赞过化身后，各人相约成组，手舞火把，跳舞于村寨、田野、山林间并放声高歌。祈求火神昂姑咪赐福，庇佑全村人畜兴旺、五谷丰盛、村寨平安、事事如意……

古往今来，普米族每年的火把节之夜都在不同一地域庆祝，从山寨到城镇，从高山到平坝，人人燃起火把，手拉手足跟足围成圈子载歌载舞。

老人弹着平日积满灰尘的月琴，小伙子吹着很久没有摸了的笛子，姑娘们吹弹着挂在胸前的口弦，祈望年年五谷丰登，六畜兴旺，歌唱美好的生活。

在月光下，一个个火把，一堆堆熊熊燃烧的篝火，像一颗颗天上的繁星落到人间，到处是火的世界，到处是歌舞的海洋。人们尽兴地唱，尽兴地跳，火把节之夜的热闹场面历代文人多有详细描述。

火把节时，晚上吃过晚饭后，首先由某一家开始点燃火把，然后就争先恐后地燃起火把往村外走，人们唱起火把歌，歌声随着火把的漫延响彻山谷。

随后按约定俗成的方向又形成一条火龙来到公共娱乐场地，他们将火把集中起来燃成一堆大火，全寨人围着火堆，快乐地唱歌、跳舞、做游戏。

阅读链接

在改革开放、党的民族政策光辉照耀的今天，普米族的火把节被赋予了更新的多样性、群众性、娱乐性的内容。人们不仅继承和发扬光大其优秀传统文化的部分，而且融进了时代的气息，构成新的景象。

例如节日期间，国外游客，省内外游客大量涌来，做买卖的人大量涌来，外来者远远超过本地人，火把节成为吸引各方人士前来观光旅游和洽谈贸易的平台和机会。

各种群众性的文艺体育表演节目也一年比一年更丰富多彩，民间节日也自然成了地区性的节日，从乡村节日走向了城乡节日，从单一民族节日成了多民族共同的节日。

基诺族和哈尼族节日习俗

基诺族老人

在我国，除了彝族、白族、纳西族、拉祜族和普米族等少数民族有过火把节的传统，居住在我国西南地区的基诺族和哈尼族也有过火把节的习惯，而且这两个少数民族在过火把节时，还有不同的一些风俗习惯。

火把节是基诺族的传统岁时节日。每年农历六月间择日举行。节前，由卓巴、卓生分派一些人上山砍松柏，用砍来的树枝在寨内广场上支起个高大火把。

这天全寨人停止劳动，男女老幼皆着节日盛装，亲戚朋友互相拜访。晚上，在塞外烧起火把，人们汇集到火把周围，待卓巴向火把祈祷后，人们便纵情歌舞，老人们开怀饮酒。青年男女则合着锣、象脚鼓和三弦，尽情鼓舞，通宵达旦。

基诺族的节日与祭祀活动基本上是不分的。把祭祀这种神圣的活动，穿插在节日的进程中，体现了基诺族人对节日的重视，他们渴望通过这些虔诚的行动，达成心中的一个个美好愿望。

后来，在基诺族的节日里已经很少看见祭祀活动了，他们改用文娱活动庆祝自己的节日，表达自己的祝愿。

哈尼族的火把节在每年的农历六月，哈尼族人称之为"吃扎扎节"或"苦鲁节"，这是哈尼族最隆重的节日之一，也称为"六月年"。

哈尼族的"吃扎扎节"在每年的农历六月二十三至二十六。同其他少数民族的火把节一样，哈尼族人也在火把节燃烧火把，不同的是，哈尼族人点燃火把的那一天，是"吃扎扎节"的第四天。

在这一天，是哈尼族人"吃扎扎节"最热闹的一天。

这天，各家都用松木柴扎火把，因为一年有12个月，所以每个火把都要扎上12道绳子，闰年则扎

■ 哈尼族服饰

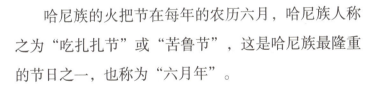

哈尼族民族舞蹈

民族盛典

少数民族节日与内涵

13道，象征"月月平安"；同时，还要由全村寨的人共同扎一个大火把，安置在村中较开阔的地方，象征全村寨的人兴旺发达。

天黑以后，哈尼族人便点燃自家的小火把，遍照家中的每一角落，借此"驱除鬼怪"，然后由家中的男孩把火把送出村外，以示将鬼怪驱向远方。

另外，有些地方的哈尼族人还要举着小火把到田埂上走一走，以此象征驱逐虫害，求得丰收。

最后，全村老幼集中到大火把下，点燃大火把，围着火把唱歌跳舞，熊熊的火焰映红舞者的笑脸。火把燃尽，人群散去，哈尼族的火把节也就缓缓地落下了帷幕。

阅读链接

在过去，哈尼族人过火把节就像过春节一样隆重。

火把节一到，他们除了像过春节一样舂粑粑、摆酒席、祭祖、祭神、跳扭鼓舞之外，还要荡秋千、吃新米。

哈尼族人非常重视荡秋千，凡盛大的节日都少不了，即使是初生的婴儿也要由大人抱着在节日的秋千上晃荡几下，据说，这样可以"荡除邪气，消灾免难"。

中元节

中元节又称为"鬼节"或"七月半",汉族和我国部分少数民族都有这个节日,时间多是在农历的七月十五。

中元节本是汉族的祭祖节日,随着民族文化融合,后来部分少数民族在这一天也有了祭祖的习俗。

每逢农历七月,盛夏过去,秋凉伊始,古人认为先祖也会在此期间返家探望子孙,故需迎祖和送祖。祭拜仪式多在七月份的傍晚举行,但不限定某一天,届时,还要把先人的牌位请出来,一一敬拜。

壮族中元节的传说和风俗

壮族的中元节又称祭祖魂节，是壮族的祭祀性节日，这也是壮族最重视的节日，其隆重的程度甚至超过春节。时间是农历七月十四。

壮族自古以来就有"七欢春愁"的说法，意思是过中元节时正值夏收，家家有粮食，所以过节很快乐。不像春节，正是青黄不接之时，收获少的人难过年关。

壮族祭祀场景

■ 壮族茶祭

　　壮族过中元节很多是从农历七月初十就开始过了，一直到七月十七，要过七八天，其中，以农历七月十四到七月十六最为隆重。

　　相传古时中元节，是在农历七月十五过的，后来发生了一场灾难，一些人便提前过节，然后逃难，另一些人逃难回来才补过节。因此变成了现在的七月十四和七月十六过节的习俗。

　　这个节日的内容是祭祖和祀鬼两种。

　　相传，农历七月十四是壮族的始祖布洛陀逝世的日子，故人们世世代代在这一天祭奠远祖。

　　又传说那些非正常死亡者的鬼魂无家可归，成为野鬼孤魂，他们四处游荡作祟。为免遭其害，人们在这天祭祖的同时，兼祀孤魂野鬼。

　　在节日期间，壮族人家家户户要做米粉、糍粑、糖糕吃。晚餐杀鸭祭祀祖先。相传，已作古的祖先在阴间被一道奈河隔住，需杀鸭祭祀，让鸭子把祭品驮过河。

布洛陀 壮语的译音，布洛陀的"布"是很有威望的老人的尊称，"洛"是知道、知晓的意思，"陀"是很多、很会创造的意思，"布洛陀"就是指"山里的头人""山里的老人"或"无事不知晓的老人"等意思。也可以引申为"始祖公"。是壮族先民口头文学中的神话人物，是创世神和道德神。

家祭 我国古代在家庙内祭祀祖先或家族守护神的礼仪。从唐代开始，当时社会上就有专人制定家祭礼仪，并相沿施行。宋代陆游的诗中有这么两句："王师北定中原日，家祭无忘告乃翁。"

因此，他们把杀好煮熟的鸭子除了在厅堂贡祭外，还要把鸭摆在门口祭拜，然后焚烧黑、紫、蓝、黄、白等五色纸剪成的衣服和纸钱，让鸭带去送给祖先做一年穿用。

家祭之后，入夜又到河边野祭，燃香点烛，焚烧纸衣，并让其灰烬随水漂流。

另外，这一天凡是已出嫁的女人都必须回娘家省亲、行祭，但过节后必须回去，当夜不能在娘家住宿。

壮族中元节的礼俗，迄今依旧，人们已多不信鬼神，仅以祭祀礼仪，表示对逝者的缅怀。

阅读链接

壮族民间传说，人死后灵魂会到天上去，由天上管着，只有到七月初七至十五，才能放假回到人间探亲。于是，每年到了七月初七，壮族姑娘们过完乞巧节之后，家家都忙于筹办给祖宗祭拜的活动。

壮族中元节的过法因地而异，最具普遍性的是：

农历七月十三之前，家家户户都搞大扫除，注意言行礼节，备好供品，一是表达对祖宗的敬重，二是展现子孙的治家本事；七月初八开始"接祖"，七月十二以前要把祖宗接回家，一日三餐点香供祭；七月十四、十五，全家停止一切农事，置办丰盛的祭品，举行祭拜仪式、聚餐等。

七月十四，第一次祭拜时，往往是半夜起床，天蒙蒙亮全家就开始聚餐了。七月十五为"送祖"日，当晚要把所有的供品烧化，以示送给祖先带回去享用。

七月十六走亲戚，嫁出去的女儿，这天都要拖儿带女回娘家。因此，有的民俗学家将壮族的"中元节"称作壮族"团聚节"，也称"姐妹节"。

毛南族中元节的祭祖风俗

毛南族把中元节叫"七月十四",每年从农历七月初七就开始了,一直延续至七月十五结束,是仅次于春节的大节,在外打工的儿女一定要回家过节,要杀鸭,买酒、肉。

节日的主要活动除祭祀祖先外,还要走亲戚,尤其是外嫁的女儿一定要回娘家,还要送鸭、酒、肉、面条等礼物。

节日一开始是先给故去的先祖烧纸。毛南族人认为

毛南族服饰

民族盛典

少数民族节日与内涵

竹笠 用竹丝或竹篾编成的笠帽。我国古代劳动群众普遍使用的雨具。大小规格不一。均以竹篾、箭竹叶为基本原料纺织而成。有尖顶、圆顶通帽等形式。精工者用竹青细篾，加藤片扎顶滚边，竹叶之上夹一层油纸。为使其耐用美观，有加绘字画并书写名号者，笠面再加拭熟桐油，用者将之视为珍品。

中元节期间是祖先回家过节的日子。这一天，天刚亮，主家就拿一根尖头扁担，下头插在大门石阶梯的泥地里，上头放一顶竹笠，中间束一把草或树叶，尔后烧三炷香，口中喃喃自语：

公女八女几啊！索马梭存耐。

这句话翻译成汉语的意思是："公奶啊！拴马在这里。"意思是给祖先回来拴马的。

从农历七月初七至七月十三每餐的日常饭菜要先敬奉祖先才能食用，但不必杀鸡杀鸭。到农历七月十四的凌晨，在祖宗牌位前上香，并把要杀的鸭或鸡，一一供奉给比较亲近的先人。

然后杀鸡杀鸭，每一个牲礼都要用纸钱蘸了牲血供在祭台上。鸡鸭整只煮熟后再拿来供奉，斟好酒，备好饭，上好香，便开始给祖先烧纸钱。

■ 毛南族花竹帽

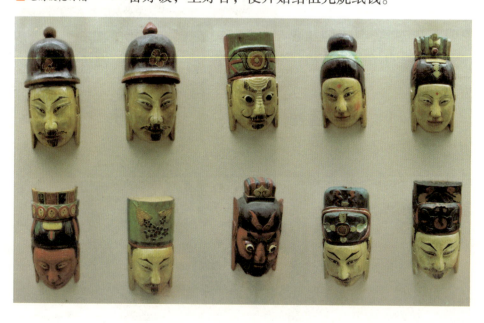

烧纸钱时按照祖宗牌位的名字顺序从高祖开始往下念，每祖先一份，轮到谁就大声念：

某某某收纳冥财。

到下一位时要放一根稻草在纸灰上隔起来，以免混乱。烧纸结束后，添一轮酒，把鸡鸭切成块，放到供桌上供几分钟后全家人才可以食用，烧纸钱的纸灰拿到家中僻静的地方放好。

■ 毛南族的祭品

第二天，也就是农历七月十五凌晨，家里再弄一餐饭菜酒肉到供桌上上香供奉，先给祖先"饯行"，然后把昨日烧的纸灰拿来装在两个袋子里，或用两个大叶子包好，用一根细长的木棍把两个袋子穿成一副担子的样子，毛南族人称之为"装担"，并在每个袋子上插一炷点燃的香，打开大门把祖宗送出去。

送祖宗又分水路和旱路两种，先送到村头，水路就把"担子"放到溪水里随水漂走，旱路就把担子在路边一个比较合适的地方搁下，随后径直回来，不要回头，至此节日宣告结束。

此外，毛南族给新故亲人烧纸要选在阴历七月初九至七月十二这几天内挑一个好日子进行，并提前通

冥财 为鬼神或已殁之人焚化的纸钱、纸元宝。纸钱是我国旧时祭祀时用以礼鬼神和葬礼及扫墓时用以供死者享用的"冥币"之一，又称冥钱、冥纸、冥钞、冥币、金纸、银纸、阴司纸等。一般是将白纸剪成铜钱的形状，届时或抛撒于野外墓地，或焚化给死者，民间一般将此称为撒纸、烧纸等。

知外嫁的女儿回来。

女儿这时回来至少要带一只鸡或一只鸭，也有的还带上一头香猪和酒、烟、面条等物。

主家准备好猪一头，鸡、鸭各一只，到时连同亲戚带来的所有牲礼一起拿到祖宗牌位前，备好九杯酒、五碗饭，饭上放一片肉。还要准备一碗米给道公用，并在里面放一个给道公的红包以及瓜果、烟、面条等供品。

上香后先由道公把牲礼一一供奉给新故的亲人，声明是送给死者的，然后道公请九玄七祖降临作证、本村社王过日，念"烧纸交牲起垱"经。

这些活动结束后，主家取下旧的祖宗牌位红纸，用新的红纸重写一张，加上新故亲人的名字贴于中堂，并把全部牲礼拿去煮熟后再拿回来供奉，又由道公请祖先和师公到位，念"烧纸回延上熟起垱"经。

之后主家可以给新故亲人烧纸了，烧纸时在火盆四周放上一些真币，把大米、谷子、衣物、床铺、蚊帐、鞋袜、生产工具等死者生前用过的所有物品拿到火上烤一下，表示给死者带到阴间去了。火盆里的纸灰仍然包好装成担，第二天天蒙蒙亮时送去村口。

阅读链接

在阴历七月十五时，毛南族人禁忌小孩到溪边玩耍，怕在路上碰着祖先把孩子"带走"。

除了中元节，毛南族的节日还有两个明显的特点：一是必定祭祀祖先，二是多开展唱歌对歌活动。

毛南族民间最大的节日是每年夏至后的分龙节。过分龙节时，家家户户都要蒸五色糯米饭和粉蒸肉，有的还要烤香猪。折回柳枝插在中堂，把五色糯米饭捏成小团团，密密麻麻地粘在柳枝上，以表示果实累累，祈望五谷丰登。

纳西族中元节的祭祖风俗

　　每年农历七月是纳西族的传统节日中元节，纳西语称为"三美波季"。中元节又称为"鬼节"或"七月半"，汉族和其他一些少数民族也有这个节日，但纳西族的中元节有浓郁的民族特色。

纳西族服饰

■ 纳西族的老人和儿童

丽江古城 位于云南省丽江市，丽江古城又名大研镇，位于丽江坝中部，北依象山、金虹山，西枕狮子山，东南面临数十里的良田阔野。丽江是我国历史文化名城之一，也是我国向联合国申报世界文化遗产成功的古城之一。古城内居民以纳西人为主。

纳西族是一个具有祖先崇拜习俗的民族，中元节是纳西族祭拜祖先的一个重要节日。节日期间要把历代祖宗接回家供奉，表示家人对先祖的怀念，祈求他们保佑家人平安。

中元节分为"接祖"和"送祖"。接祖和送祖的日期每个家族都是固定的。有的家族七月初一就接祖，直到七月十五才送祖。

在纳西族人的主要居住地丽江古城，多数人家都是七月初十接祖，七月十四送祖。如果有孝服在身，则要提前一天接祖。

接祖的那天，家里的主妇要煮好一碗面条，备上香火纸钱，来到大门外，点上香，一边烧纸钱，一边嘴里念念有词，请历代祖宗回家几天。这样就把祖宗接回来了。

堂屋里则要准备好几个印有经符图案框边、内装草纸和叠好的金银箔的白纸包，写上祖先姓名并用托盘盛好。还要立一个纸牌位，上书"本音×氏门中历代内外宗亲之位"，牌位前供一碗面条、各色糕点、时鲜水果，其中，海棠果是必不可少的。还要点上长明油灯、蜡，供上茶水和酒。

接祖当日的晚饭一定要备一道炒芋花，象征给老祖宗用的拐杖。

节日期间，每天晚饭前都要先烧香，把饭菜在牌位前敬献一下，然后拿一个碗装上冷水，每道菜挑上一点，倒到门外，表示先请老祖宗吃了，家人才能坐下用餐。

这期间，大人还会告诫小孩，不能在家里哭闹，不能高声喧哗，否则会惊扰了老祖宗。已出嫁的女儿则要带上香火纸钱和糕点等供品回娘家，表示没有忘记先祖。

到了送祖这一天，要请出嫁的女儿回家吃饭。这一天同样也要有芋花这道菜。家家户户都早早地吃过丰盛的晚餐，便送先祖出门，回到他们安息的地方。

送祖的时候，要把纸牌位连同纸钱一起烧掉，然后把牌位前的所有供品装在一个盆里倒

芋花 指芋头开的花。纳西族认为开花的植物对人类都是滋补品。花菜既是菜也是良药：山茶花有凉血之功效，是治吐血的良药；蜜蒙花有祛风明目的功效；绿苞山姜是暖胃健脾的单方。为此，在纳西族人饭桌上，以花为菜的食物常常出现。

■ 纳西族老人在读祭文

纳西族儿童舞蹈

到河里，让河水冲走，还要在河边烧上几炷香。

晚上，是孩子们最快乐的时候，他们来到河边，把一盏盏精致的小河灯小心地放入水中，让它带上他们的祝愿和希望漂向远方，意味着送祖先回到他们现在居住的阴间去。

此外，在中元节的这两日在近黄昏时，纳西族便家家关门闭户，路上难见行人，因想象到处皆有各家祖先的鬼魂在活动而显得一派悚然。

阅读链接

进入21世纪，在中元节放河灯也成了外地游客在纳西族人的主要居住地丽江古城的一个娱乐项目。

丽江专门组织人员制作了五颜六色、大小不等的河灯出售，游客可以选上一款自己喜爱的河灯，许下一个心愿，放入清澈的河水。河灯在水面上摇曳，星星点点的烛光在微风中闪烁，使古城的夜晚显得更加迷人。

满族中元节的祭祖风俗

    满族以农历七月十五为中元节，也视为超度亡灵的"鬼节"。届时，各处寺院设立道场，燃灯念经，要举行各种超度仪式。院内西侧向东摆一架木屏风，屏风上挂有鸡冠花、毛豆枝、鲜藕等，为供奉月

满族节日仪式

■ 满族风俗放河灯

宫仙子之用。

屏风前摆一张八仙桌，桌上供一大月饼。

祭时，焚香磕头，妇女先拜，男人也要跟着拜月。这是与汉族有差别的祭祀方式。

此外，古代的满族人非常重视中元节，在节日期间，还形成了集祭祀、娱乐、交游为一体，俗称"孝亲节"的民间节日，主要民俗有赛威呼、放河灯和赏月等活动。

其中，"威呼"是满语"船"的意思。古代满族人在七月十五这一天要赛威呼，清代以后，满族进入北京后，水面少了，就改成了旱地赛船，其玩法是5人排成纵队双手共握一根竹竿，形成船状，在陆地进行集体赛跑。

满族将放在河中的灯叫莲灯，莲灯有用荷叶或莲蓬制作的，也有用纸叠成小船的。满族的放河灯之习俗在进入北京城之后更加盛行，清朝乾隆皇帝曾专门写了一首《中元观河灯》的诗，详细地记载了宫廷放

乾隆皇帝（1711年—1799年），即爱新觉罗·弘历，是清代入关后的第四任皇帝。乾隆帝在位期间平定大小和卓叛乱，巩固多民族国家的发展，六次下江南，文治武功兼修。并且当时文化、经济、手工业都是极盛时代，他为发展清朝康乾盛世局面做出了重要贡献，确为一代有为之君。

河灯的盛况：

　　　　太液澄波镜面平，无边佳景此宵生。
　　　　满湖星斗涵秋冷，万朵金莲彻夜明。
　　　　逐浪惊鸥光影眩，随风贴苇往来轻。
　　　　泛舟何用烧银烛，上下花房映月荣。

　　在清代，不仅宫廷放河灯，老百姓也放河灯，清富察敦崇《燕京岁时记》记载：

　　　　中元黄昏以后，街巷儿童以荷叶燃灯，沿街唱曰："荷叶灯，荷叶灯，今日点了明日扔。"……又以各色彩纸制成莲花、莲叶、花篮、鹤、鹭之形，谓之莲花灯。

　　由于纸糊之载灯之"船"容易被水浸湿而沉没，所以有的在纸上涂一层松脂，有的放在芦苇枝扎的架

■满族萨满祭祀舞

子上，使莲灯的漂流时间更长一些。

我国广州满族在放河灯时，为了表示对家乡的怀念，往往在河灯座上写有"直上长白"之字，北京满族人则往往写上自己祖先的名字，还有祭祀用语。

在清代中元节时，河灯漂在夜里的水面，如同万千星宿落入水中，流光溢彩，非常壮观，届时，游人如织，非常隆重。为此，可以说，中元节是满族人除春节和冬至节，以及皇帝生日等之外的最大节日。

此外，满族还把中元节这一天又叫"孝亲节"，因为这一天标志着盛夏的结束和金秋的开始，在这暑寒交替划季的重要日子里要发扬传统孝道，纪念祖先，缅怀先烈，表彰忠勇。

这一天，满族还打破了"逢节必吃"的老例，强调以"斗灯"的形式进行"娱祖"活动，又成为一个很有特色具有狂欢性质的娱乐节日。

以北京为例，城隍庙开庙会3天，各路香会可来进香、演练。剧院要上演《双吊孝》《三娘教子》《大娶亲》等报恩戏。

各种花灯争奇斗异，再加上寺庙的法事和祭送法船等活动，使节日在夜晚灯光中达到高潮，夜半人们才尽兴而归。

阅读链接

满族在中元节旱地赛船的形式，现在仍在辽宁、北京、河北等满族聚居区存在。这种体育游戏有一个特别规定，赛跑时最后一名选手要面朝后面，以表示这是舵手。

当然，有水的地方还是赛船为好。这种集体赛跑形式在全国许多地方都有，只不过不叫"赛威呼"，而称"齐心合力跑"或"火车头跑"，有的双手不握竹竿，而改成绳子。这一项趣味性很强的比赛项目，在群众性运动会上很受欢迎。

尝新节

　　尝新节俗称"吃新节"或"吃新谷"，又称"半年节"，是我国仡佬族、苗族、景颇族、傈僳族、彝族、瑶族和畲族等少数民族的传统节日。

　　尝新节是我国南方地区的少数民族为了庆贺丰收并祈福来年而举行的传统农事节日。节日多在农历六月至九月农作物成熟期间举行。期间还会举办与少数民族生活相关的活动，如西江千户苗寨的游方、仡佬族祭祀、侗族斗牛等活动。

仫佬族各地的吃新节习俗

每年农历七八月，在新谷成熟即将要收割时，仫佬族便要选择一个日子进行吃新，也叫尝新，并在这一天祭祀祖先，感谢祖先的恩德，保佑来年风调雨顺。这一天，便是仫佬族的吃新节，也称尝新节。

由于各地新谷成熟的季节不同，所以，在仫佬族中，吃新节的时间，各地都是不一样的。多在农历七月初七举行，有少数地区在农历六月初六举行。

节日这天，家家买肉打酒，杀鸡宰羊，并从地里摘些早熟的稻谷、玉米做新

仫佬族服饰

■ 仡佬族舞蹈

米饭，再以豇豆、毛豆等做菜祭祀祖先。然后全家围坐，饮酒言欢，吃新米饭，叫作"吃新"。

贵州金沙县茶园乡一带的仡佬族过吃新节这天，会邀约邻近群众到自己丰收在望的田地边巡视，然后选一风景较好的平整地上举行庆丰收活动。

吃新节前，男女盛装到村寨附近田埂上摘稻谷、毛稗，第二天将谷、稗舂为米粒，集体宰牛。第三日清晨以新米蒸饭，连同煮熟的牛肉一并祭祖，缅怀先祖开荒辟草之功。

祭毕，大家一起分享祭物。所余牛肉各户均分带回，于第四日将其与新米饭一起置于反扣的簸箕上用手抓供各自祖先后，再全家食用。

仡佬族有的地方用六吊谷穗挂在灶角吊板两边，板上垫着糯谷草，草上放直径约为一尺半大糯米粑及

舂　指把东西放在石臼或乳钵里捣掉皮壳或捣碎。"舂"字，大多数用于"舂米"。而"舂"的单独解释是打碎之类的意思。舂米就是把打下的谷子，将其去掉壳的过程称作舂米。壳即为米糠，而去掉壳的谷子便是大米。舂米是我国少数民族特有的一种劳动方式。

跪拜 我国古代最主要的礼节之一。按照现代人的习惯，除非在特殊的场合，如今几乎没有人愿意再行跪拜礼。跪拜礼对于现在的人们来说，一是不方便，二是在心理上不太接受。但是，如果理解了古代社会跪拜礼的起源，我们就会发现，跪拜礼是当时生活习惯下最方便、最简捷的礼仪方式，丝毫没有屈辱的意思。

小粑若干，又用粑捏成的仓放板左，犁、耙、牛等放板右，大粑上摆碗、筷、酒杯，按辈分烧香纸跪拜，由家长念请各位祖宗来吃新米饭，保佑全家平安。

有的地方吃新活动是3天。头天下午，各家将谷在家祭食；第二天下午全寨集中下田采谷，大家分工动手将新谷焙干春为米，磨豆腐，宰牛，于寨内坝子中祭谷神后集体食用；第三日下午用剩余食物再会餐一次。吃新节所用谷物，大多数是从自己耕种的田地里采来的。

仡佬族吃新节活动的主要项目还有开展传统的打篾鸡蛋比赛。篾鸡蛋系用竹篾编织而成的球状物。竞赛时不分男女老幼和年龄大小，按参加人数的多少分成若干队，但每队人数必须相等。

竞赛方法分为固定范围的"对打"和不固定范围的"追打"两种。对打时，一方用手击球向对方打去，而对方再用手推回，篾鸡蛋在空中来回飞舞。若一方将球打到对方队员的身上，被打方即为一次负，

■ 仡佬族歌舞

负方给对方吃一次鸡蛋。累计吃12次鸡蛋者即为胜队。

追打仍以手击发球，让其在空中穿梭般飞舞。若球在哪方落地，那一方便立即退却防守，这时，对方队员便急速追至落球点，继续发球追打。双方往返循环，你退我进，直至将球打出对方的底线才算获得胜利。

晚上，仡佬族人家邀请邻近亲友到家做客，痛饮"转转酒"，并吃新米饭，宾主共庆丰收。

阅读链接

　　仡佬族在吃新节时，以传统文体形式和吃"转转酒"的习俗为主，分昼夜两个阶段进行。

　　通常，他们在白天要做打"篾鸡蛋"的活动。夜晚，仡佬族同胞就近围坐在屋内吃"转转酒"，边吃边摆家常，酒过两巡，大家各抒己见，既虔诚地祈求祖先保佑，朴实地总结一年来生产、生活的经验，以利来年有更大的作为。

苗族吃新节传说和节日习俗

苗族吃新节也叫"新禾节"，是居住在清水江和都柳江中上游的苗族节日之一，一般在每年的农历十月举行。

在节日这天，来自周边村寨的近万名苗族人身着节日盛装，齐聚排莫村，他们跳芦笙舞，唱苗歌，表演斗牛比赛，共庆佳节。

关于苗族吃新节的来历，还有一个古老的传说：

相传，在古代，地上没有谷子，只有天上雷公掌管的谷子国才有。

苗族祖先奓先便拿地上的九千九百九十九种珍禽宝兽调换来九斗九升九碗谷

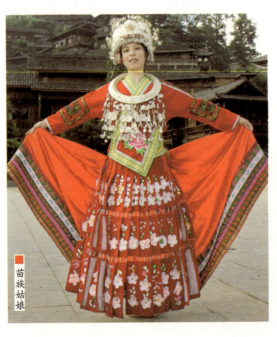

苗族姑娘

■ 苗族节日盛装

种。但长臂老太婆不小心碰倒天灯，烧着谷仓，谷种就飞回了谷子国。

于是，耄先便只好第二次去换谷种，但没有想到，雷公怎么也不同意。

耄先便想了一个办法，在谷子成熟的时候，派出狗进入谷子国偷谷种。

没想到，狗偷谷种的消息被雷公知道了，他便派了天兵天将在天桥处准备拦截狗。

狗在天桥与天兵相斗后，被打入河中。狗落入天河后把尾巴高高地翘在水面上，然后费了九牛二虎之力，泅过了天河，回到了人间。

幸运的是，狗的尾巴上恰恰还粘有9颗谷种，否则就无功而返了。

有了谷种，耄先欢喜得不得了，便把原先准备拿去换回谷种的珍禽异兽杀给狗吃，以作酬劳。

清水江 我国贵州省黔东南苗族侗族自治州境内的一条著名的江。自贵州省黔东南州锦屏县茅坪镇下的杨渡角流入天柱县境，流经天柱的瓮处、竹林、远口、白市、江东、瓮洞六乡镇，沿岸濒江的村寨50余个，流经河段77千米，沿河接纳三门溪、鉴江河等诸条溪河，然后流入湖南省。

民族盛典

少数民族节日与内涵

■ 苗族舞蹈

牛轭 耕地时套在牛颈上的曲木，是牛犁地时的重要农具，与犁铧配套使用，历史悠久。牛轭状如"人"字形，约半米长，两棱。简陋的牛轭一般用"人"字形的树枝做成，也有找木匠制作，需要挖榫眼凿洞眼，契合比较牢固。它是与牛、犁铧配套使用的，耕田时农人就把它安置在牛颈上。

同时，他亲自犁田播种。他用山坳做牛轭，山岭做犁腿，岩山做犁柱，石头做犁脚，山头做犁把，捉来旋风做犁索，架着犀牛，犁东又耙西，犁了九天九夜，犁遍了天下旮旮旯旯。

播种后，耆先日夜细心管理，那只狗也一直守卫在田埂边，不准麻雀害鸟及老鼠等挨边。一天，秧尖上抽出了一串5寸长的谷穗。一个月后，谷穗变成金闪闪、黄澄澄、胀鼓鼓的谷粒。

在取得谷种一周年的日子，耆先摘了9升谷子，剥去壳壳，煮一锅白米饭，一尝，很香。这时，耆先想到谷种是狗冒着生命危险取来的，便先舀三大碗给狗先吃，自己才尝新。剩下的谷子，留下来做种子。

后来，为了记住这个日子，耆先便把这天定为苗族的"吃新节"，一直传下来。

每年农历六七月间，当田里稻谷抽穗的时候，苗族村寨家家户户在卯日欢度"吃新节"。

到时，苗家每家都煮好糯米饭、一碗鱼、一碗肉等，摆在地上或桌上，并在自己的稻田里采摘7根至9根稻苞来放在糯米饭碗边上，然后烧香、烧纸，由长者掐一丁点鱼肉和糯米饭抛在地上，并滴几滴酒，以表示敬祭和祈祷丰收，然后把摘来的稻苞撕开，挂两根在神龛上，其余给小孩撕开来吃，全家人就高高兴兴地共进美餐。

第二天，各村寨的男女老幼者纷纷穿着新衣来观看芦笙会，参加跳芦笙舞；有的牵马来跑马场赛马，有的牵水牯牛来斗牛场斗牛，节期一般两天。

雷山的苗族"吃新节"又称"马郎节"，是未婚青年男女借机寻找意中人的节日。赶集和斗牛是吃新节的节庆特色。

节日前，当地人精心把自己的牛和马喂得膘肥体壮；姑娘们绣好美丽的衣裙、飘带，备好银花首饰；小伙子们则忙于修整和添置芦笙……

一大早，寨子里的姑娘们陆续走出家门，姑娘和

卯日　我国古代以干支纪年，即用天干地支相互配合为六十花甲，来记录年月日时。卯是十二地支之一，卯日就是地支为卯的日子，共有5个，轮流当值。每隔12天出现一个卯日，当然天干不同。每年有5至6个相同的卯日。

■ 苗族银饰

小伙子们三五成群地邀约，前去赶集或看斗牛比赛，赶到附近的芦笙场上跳起芦笙舞。

苗家人有一句谚语："芦笙一响，脚就发痒。"苗家人认为，芦笙是始祖母创造出来的，芦笙发出的声音就是母亲的声音。在芦笙场上，哪个小伙子的芦笙吹得好，就会赢得姑娘们的芳心。

此外，斗牛也是苗家吃新节的主要活动，一头头油光水滑的水牛，瞪着火眼金睛，由三五人牵护，站在各自"岗位"上。

人们像潮水一样汇集过来，芦笙声、芒筒声和丛牛角斗的吆喝声，组成震耳欲聋的交响曲。这时候，一位有声望的老人提着一葫芦酒，喷洒在斗牛场上，宣布斗牛开始。

当四五个大汉牵着头戴护头草包、角系红绿纸花、颈项插着虞旗的牤牛绕场一周，在场中间立定站稳后，对面一头同样打扮的牤牛，由十多丈远飞奔而来，两头壮牛便对打起来拼死抵碰，两个护头草包很快便粉碎飞溅，人群中不时欢声雷动。

阅读链接

在我国民间传统节日中，"吃新节"是没有确定日期的节日。其时间约在农历"小暑"至"大暑"之间，以早稻成熟为标志。因为各村水土、气候条件不尽一致，早稻成熟往往会相差一天或几天。所以即便在同一个乡里，各村的"吃新"也会有先有后。

"吃新"又叫"尝新"。节日这天，村民们早早来到田间，精心摘取颗粒饱满的稻穗，捆扎成稻束，把它们悬挂在农舍门厅的两旁，供奉在中堂的桌案上，祭拜谷神和祖先后，全家人按照长幼辈分，依次入座就餐。

餐席虽较丰盛却并不铺张，以新米饭、米粉蒸肉为主，还有鲜嫩的茄子、辣椒、黄瓜、南瓜、豆荚等时令蔬菜以及鸡、鸭、鱼、肉等。

景颇族尝新节的节日习俗

　　景颇族的尝新节又称新米节，是景颇族有趣的庆丰收节日。时间是在每年农历的八九月间，当田里稻谷成熟之时。

　　在新米节的前一天，主人家就开始准备。他们背着插满鲜花的篮

景颇族舞蹈

■ 景颇族服饰

粑粑 也称作饵块，是我国西南少数民族地区的一种食物，也是大理地区常见的传统食品之一。饵块系用优质大米加工制成，其制作过程是将大米淘洗、浸泡、蒸熟、冲捣、揉制成各种形状。一般分为块、丝、片三种。制作方法烧、煮、炒、卤、蒸、炸均可，风味各异，久食不厌。

子，然后捡起一捆成熟的糯谷，背回家中，摆在鬼门旁边。然后，便向各家发出热情的邀约，请他们在第二天做客。

第二天，全寨的男女老少欢欢喜喜地来到主人家，主人取出水酒和瓜果甜食迎接来客。主宾互致问候完毕，就要准备新米节的饭食了。

这时，妇女和姑娘炒谷子、舂扁米、做粑粑、煮新米饭，上山采野菜。小伙们欢歌结伴，下河捉鱼。

其间，袅袅的炊烟中伴以姑娘们穿梭忙碌的身影，村民们的欢歌笑语一阵高过一阵，小孩子们嬉笑喧闹着跑前跑后。一年一度吃新米、尝新谷的新米节在欢乐的气氛中开始了。

按景颇族的传统规矩，新米节这天不能杀鸡宰猪。宴饮开始之前，主人要行祈祷仪式。他在屋前空地上搁置一尊祭台，把粑粑、扁米、水酒、干鱼、干老鼠排好祈祷。

由董萨带领众人在祭台前跪下，向鬼神表白心愿，虔诚地感谢鬼神在过去的一年中对景颇人的保佑，祈求鬼神继续带给他们人畜平安，风调雨顺，祛灾除祸。如能如愿，将来一定杀牛供祭。

在新米节的仪式上，由年高德重的长者讲述谷子的来源。

据说，在很久以前，景颇人学会种谷以后，使得他们的食物质量有了很大提高，以谷物作为主食，不仅比木薯、凉薯之类香甜可口，而且还可以酿酒，使得彪悍勇猛的景颇人欣喜异常。

可是天有不测，正当大家把谷子作为主要粮食作物而广为种植的时候，忽有一日谷魂上天去了。这下，地里的谷子长得稀稀拉拉，收成锐减，使景颇人陷入饥荒之中。

这时，景颇人家家养的狗都像是懂得主人的心思，昼夜朝天吠叫，终日不止，想要把谷魂唤回大地。终于，谷魂在天上念其心诚，又重返人间，从此，景颇人获得了一个又一个丰年。

因此，景颇族对狗另眼相看。新米节这天，为了感谢狗的帮助，景颇人在吃新米前都要用新米饭敬狗，就是平时，各家也舍得用米饭喂狗。

董萨 景颇族原始宗教的祭师，也是景颇族文化的主要传播者和继承者。董萨除了主持部落、村社的祭祀外，还兼为社会成员驱鬼医病，因此又是巫师。董萨分为斋瓦、大董萨、小董萨三个等级。"斋瓦"是巫师中地位最高的，他对本民族的历史、典故、诗歌等文化知识有较深的了解，社会知识丰富。

稼稿节日

尝新节

■ 景颇族房屋

景颇族舞蹈

其次是牛，以奖励水牛终年辛劳；然后才给寨子里的老人吃，以示景颇人敬老的传统；最后，董萨把食物分给众人，大家开始品尝新谷，共同进餐，使新米节的庆祝活动进入高潮。

席间气氛非常热烈，人们一边饮酒谈笑，品评美味，一面互相交流各自的种谷经验，总结农事，讨论下种的适当时机。泡田水的使用、栽秧的技艺、旱地播种的方法和时限、开荒的设计、轮种的学问等。

景颇族的新米节是一个庆贺丰收的节日，也是一个促进农业技术交流的节日。

当意兴阑珊之时，各家各户慢慢散去，着手准备农历九十月份的秋收。

阅读链接

在景颇族的部分村寨里，新米节是全寨先集体祭祀，然后各家再办。

穿着新装的老年妇女们，将盛满新谷的竹篮四周插满鲜花、玉米、高粱等，再把篮子背到山官或寨头家，新谷用锅炒后由年轻妇女舂成米，再拌以姜末煮成饭。

男子捕来鱼等做菜。饭菜准备就绪后，请董萨主持祭祀仪式，念祭词，祈求保佑全寨平安无事，风调雨顺，五谷丰登。

祭后，参加的村民每人分得一小包新米。还以新米饭祭狗，以示谢恩。

傈僳族尝新节的节日习俗

每年农历七月，云南各地各民族杂居地区层层梯田的稻谷已经低头变黄了，傈僳族这时要过一次别有情趣的尝新节了。

按照傈僳族的传统习惯，每年的新谷一定要在尝新节之后才能吃，否则不能随随便便吃到嘴里。虽然各家尝新的日子不完全一样，但是，其形式和内容都是一样的。

尝新前先到田里剪下最先变黄的稻穗，至少要剪下

傈僳族少女

10多斤，拿回家放在锅里先焖一会儿，再炒干舂成米。尝新这天要杀鸡煮肉，蒸一屉新米饭，等米饭熟后端到院子里，放在桌子上，按全家人数插筷子，再把其他食物摆好供奉上天，再回到屋子里供奉祖先。

祭礼完毕，从蒸屉正中分成两份，一份用来喂狗和牛，感谢它们给自己带来了丰收，最后全家人坐下来吃剩下的那一半米饭。

到了农历九、十月，怒江地区的傈僳族过收获节，傈僳语叫"杂息杂"，意思是新米节，是傈僳族人民传统的庆丰收节，也是感谢狗的节日。

传说古时候，天底下谷子堆积如山，遍地都是粮食，吃也吃不完。播下一种谷物能长出三种不同的粮食来，人们吃不完，用不尽，日子过得很富足。

■ 傈僳族服饰

有一天被天王看到，便产生了坏心。将全部粮食收回天上去，连种子也未留下一颗。

正在这关键时刻，通人性的狗蹚过河，追到天边咬下3颗种子。主人小心翼翼地播种到地里，一颗发几颗，一蓬发几蓬，种子终于留下来了。

人们为了表示不忘狗的功绩，当玉米熟、稻谷黄的时候，背着背篓到田

里拔来金黄饱满的谷穗过"新米节"。

家家户户煮酒尝新，男女老幼聚集在村寨广场，燃起篝火，老人弹琵琶、月琴，边喝边唱，讲述远古的历史；青年男女则围成圆圈跳集体舞，欢庆到天明。

节日里，把米煮好，也是首先让狗来品尝，然后人们才开始享受，认为这样才能求得来年人畜兴旺，五谷丰登。

阅读链接

在傈僳族的节日中，不仅尝新节时会把做好的第一份饭喂狗吃，在他们民族过阔时节时也会给狗吃第一块粑粑。

傈僳族民间流传着很多狗与粮种的传说，其中还有一种说法是，古代的人类非常浪费粮食，天神知道后大怒，下令将所有粮食收回天庭。人类面临灭顶之灾。

在此危难时刻，一只狗奋不顾身，顺杆爬上天官偷来粮种，拯救了人类。

为此，傈僳族在过节时，总把做好的第一份食物给狗吃。

彝族尝新节传说和节日习俗

　　尝新节是云南大理白族自治州祥云县鹿鸣一带彝族的传统节日。时间在每年农历八月十五开镰收割稻谷之际。节前，要通知至亲好友来参加。

　　在尝新节吃饭之前，彝家人和仡佬族、苗族、景颇族和傈僳族等少数民族一样，要先舀一大碗米饭喂饱家里的狗，然后人们才能开始尝新饭。

彝族歌舞

据说彝族人的这种习俗有一段不寻常的传说呢。

在远古时代，洪水淹天泛滥成灾，人世间生灵涂炭，万物绝种。彝族始祖阿笃兄妹带着自家小狗和一只公鸡，在洪水淹天时躲到葫芦里漂流，历尽艰辛最后漂泊到波罗海边的柳树湾。

直到洪水退去，阿笃兄妹藏身的葫芦挂在了柳树上，当五更天破晓的时候，从天边飞来了一只神鹰，啄开葫芦，阿笃兄妹得以生还，从此人世得以延续。

脱险后，阿笃兄妹惊喜地发现，在狗尾巴绒毛上还粘着几粒谷子，在狗膀子下还夹着两粒扁豆。

原来，早在洪水到来之前，他们家的狗曾经爬到五谷堆上嬉戏，由此粘上了谷种和豆种。这样，世上的五谷没有因洪水而绝种，人类的生计得以延续。

从此，彝族视狗为福禄化身，救命伙伴。平日里悉心喂养，出门劳作牧耕形影相伴，而且忌食狗肉。

■ 着节日盛装的彝族姑娘

五更 古代的时间名词。我国古代把夜晚分成5个时段，用鼓打更报时，所以叫作五更、五鼓，或称五夜。夜里的每个时辰被称为"更"。一夜即为"五更"，每"更"为现今的两个小时。一更是19时至21时，二更是21时至23时，三更是23时至第二日凌晨1时，四更是凌晨1时到3时，五更是3时到5时。

每当年节或重大喜庆节日，彝族人都要先喂饱狗，然后人才能用餐。

彝族的尝新节是每家每户单独过，在节日前，主人家要准备好丰盛的食品，有的还要杀猪宰羊。同时，主人还要接回出嫁的姑娘，请来族内的长老，邀请亲朋好友，杀鸡宰羊，庆贺丰收，品尝新米。

尝新前，主人要先把春出的新米饭配以鸡、羊、猪肉等菜肴祭祀祖先和神，以示感激，并祈求来年风调雨顺、幸福平安。

彝族吃新米饭时，长者为尊，宾客至上，长者和宾客要坐在正堂中央"上八位"，先由长辈举杯把盏，喝转转酒，主客相互敬酒，客人称赞主人的勤劳，并预祝来年丰收，主人感谢祖先的保佑和亲朋好友的帮助。

席间，彝家姑娘会趁客人不备，热情地给客人添满新米饭，示意让客人吃饱喝够，但忌讳泼洒浪费。

节日的晚上，彝族的男女老少聚集在一起，在皎洁的月光下，吹起葫芦笙、笛噜，弹起大三弦，围着篝火跳起欢快的"切托咕"。

未婚青年男女则相约成对，吹着柳叶，唱着情歌，手牵着手在幽静的村旁竹林间幽会。

阅读链接

在尝新节要喝转转酒，这习俗的来历，还有一个传说呢。

在一座大山中，住着汉人、藏人和彝人3个结拜兄弟。有一年，三弟彝人请两位兄长吃新米饭，吃剩的米饭在第二天变成了香味浓郁的米酒。

三兄弟你推我让，都想把酒留给其他的兄弟喝，于是从早转到晚，酒也没有喝完。后来神灵告知他们只要辛勤劳动，酒喝完后，还会有新的酒涌出来，于是三人就放心喝开了，一直喝得酩酊大醉。

开斋节

开斋节也叫肉孜节，是广大穆斯林庆祝斋月结束的节日。开斋节这天，穆斯林很早就起床了，做完祈祷后就可以吃一些东西，象征斋月结束，然后出去团拜，互相问候。穆斯林在这一天都穿着节日衣服，到处都是喜气洋洋、和平欢乐的景象。

开斋节在农历的十月初一举行，是伊斯兰教三大节日之一，也是我国回族、乌孜别克族、塔吉克族、柯尔克孜族、东乡族、维吾尔族等少数民族共同欢度的节日。

回族开斋节期间的习俗

开斋节是伊斯兰教的三大节日之一，也是回族的盛大节日。

据伊斯兰教有关经典的记载，伊斯兰教创立的初期，在封斋满月时，伊斯兰教的创始人穆罕默德曾率领穆斯林步行到郊外公共旷野，

■回族青年蜡像

■ 回族号帽

举行礼拜，穆罕默德沐浴后，身着整洁服装，并散发"菲吐尔"钱。从此以后，穆斯林便把这一天作为节日，隆重庆祝。

回历每年九月为斋月，斋月期间，穆斯林只许在每天日出前和日落后进餐。

在斋月里，按伊斯兰教教义要求，穆斯林要做到静性寡欲，白天戒绝饮食，即使是不守斋的，也要尽力节制自己的食欲，决不允许在公共场所吃喝。

这样封斋的目的，就是让人们体验饥饿和干渴的痛苦，让有钱的人真心救济穷人。通过封斋，回民逐步养成坚忍、刚强、廉洁的美德。

九月初一的傍晚，太阳落山后，各地的回民有的到清真寺的宣礼塔上，有的到墙头上或房屋顶上，有的站到眼界开阔的地埂和渠坝上，面向西方，翘首寻觅月牙儿，称为望月。如果看见月牙儿，就叫见月，那么这天晚上就要进入斋月了。

如果大多数人都没有看见，有两个以上的人确实看见了，立刻向阿訇报告，大家也都公认"见新月

回历 也称伊斯兰教历法，阴历的一种。为世界穆斯林通用，我国也被广泛使用，主要在新疆、甘肃、宁夏、青海以及全国穆斯林集聚的地方。伊斯兰教历以月亮圆缺一周为一月，月亮圆缺12周为一年。

■ 回族青年

"了"，可以入斋了。

如遇到雾气茫茫、黑云翻滚、黄沙弥天等特殊的气候条件，不能目睹新月，可推迟到初二、初三的晚上。绝大多数回族群众都是按照这个习惯办的。不论入斋和开斋的时间一样不一样，封斋都要够一个月。

入了斋月，男满12周岁、女满9周岁以上的回民都要封斋，也叫把斋或闭斋。理智不清者、小孩儿、老弱病残以及妇女月经期和产期都不封斋。

在入斋的当晚16时左右，各清真寺的寺师傅，站到清真寺的宣礼塔上打梆子。有的不辞辛劳，走街串巷，挨门逐户地敲打，催醒入睡的人赶忙起来，洗手、洗脸、漱口，做封斋饭。

这一个月，回民的生活安排得比往常要好得多。一般都备有白米、白面、羊肉、油茶、白糖、茶叶等有营养的食品。

封斋的人，在东方发白前，要吃饱喝足。如果有的人起得晚了，来不及吃，那就不吃不喝，清封一天。东方发晓后，至太阳落山前，要禁止行房事，断绝一切饮食，无论是在炎热的盛夏，还是在严寒的冬

封斋 又称斋戒、把斋，伊斯兰教的五大宗教功课之一。按照伊斯兰教的教义，每一位成年健康的穆斯林在这个月里，必须履行斋戒的义务。在斋期间，穆斯林从黎明开始到日落进行封斋，即不吃不喝、不行房事等。直到太阳西沉，才可进食。

季，不管是口干舌燥，还是饥肠辘辘，在任何艰难困苦的条件下，都不准吃一点东西，也不许喝一口水。

不许在斋戒的期间，大量过分地漱口，更不许口噙水果、糖之类的食物。平时抽烟的人在斋月里也要坚决戒掉。做饭的人或搞饮食业买卖的人，可以品尝，但不能咽到肚子里。

若有人为了滋补、壮阳、麻醉等在皮下注射或静脉注射，在斋戒期间行房事等都算是破斋，这一天斋也就无效了。

当人们封了一天斋，快到开斋时，斋戒的男子大多数都要洗小净，然后换上清洁的衣服，戴上白帽，上寺等候。听见清真寺里开斋的梆子声后，在寺上和在家的，都开始吃开斋饭了。

开斋时，若是夏天，有条件的先吃水果，没有条件的喝一碗清水或盖碗茶，而后再吃饭。这主要是斋

盖碗茶 一种上有盖，下有托，中有碗的茶具。又称"三才碗"，盖为天，托为地，碗为人。品盖碗茶，韵味无穷。茶盖放在碗内，若要茶汤浓些，可用茶盖在水面轻轻刮一刮，使整碗茶水上下翻转，轻刮则淡，重刮则浓，是其妙也。它体现了我国独特的茶文化。

■ 回族马帮

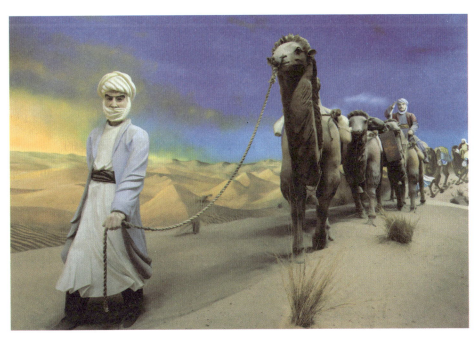

开斋节歌舞表演

戒的回民在夏天首先感到的是干渴，而不是饥饿。若在冬天，有的人讲究吃几个枣子后再吃饭。相传穆罕默德开斋时爱吃红枣，所以回民现在也有这种习惯。

以上这些，只是回民狭义的斋戒。广义的斋戒是，不仅不吃不喝，更重要的是要做到清心寡欲，表里一致，对耳、目、身、心都要有所节制。要做到耳不听邪，目不视邪，口不道邪，脑不思邪，身不妄邪。

如果只禁饮食、挨饥饿，而人却两面三刀，恶语伤人，横行霸道，胡作非为，是不符合斋戒真谛的，也是不全面、不完美的。

至斋月二十七，是回民很重视的"盖德尔夜"，也有的叫"坐夜"。"盖德尔"是阿拉伯语，即高贵之意。

回民认为，在这一夜，真主安拉把全部《古兰经》通过吉卜利勒天使下降给穆罕默德。在这一夜做一件好事，胜过平时一个月所做的事。

因此，在这一夜，回民一般都要做些可口的开斋饭，特意送到清真寺里让大伙儿吃，有的还请一些人到家里吃开斋饭，经济条件较好的还设宴待客。

吃完饭，可以到清真寺赞圣、诵经，也可以在家砸一些核桃，炒一些瓜子和花生，或煮一些羊骨头，边吃边聊天。整夜不眠，通宵达旦。

有些地区在这一夜还张灯结彩，互赠礼品，庆贺"盖德尔夜"。

斋月结束，还未举行节日会礼前，回民都要按照家庭人口多少计算，舍散菲吐尔钱，即交纳课税。回民认为，封了一个月斋，不交菲吐尔钱，便失去了斋戒的完美性，回民一般都愿意履行这种义务。

斋戒期满，就是回族一年一度最隆重的节日——开斋节。在开斋节前夕，在外面工作的、做买卖的、出差的回民都要提前赶回家中。

开斋节要过三天，第一天从拂晓开始就热闹起来。家家户户都要早早起来，打扫庭院、巷道、厕所，给人以清洁、舒适、愉快的感觉。早晨8时以

■ 开斋节歌舞表演

后，回民腋下夹一个小毯子或小拜毡，从东南西北汇集到清真寺。有的地方因参加会礼的回民达万人之多，就另选择一个地势平坦、宽敞干净的场地。

当阿訇宣布会礼开始，回族群众铺下毯子或小拜毡，脱下鞋子，立即面向圣地麦加古寺克尔白方向叩拜。

节日中，家家户户都要炸馓子、油香和花花，宰鸡、兔和羊，做凉粉和烩菜，还要看望亲友邻居，互相拜节问候。此外，许多回族青年还在开斋节举行婚礼，使节日更加绚丽多彩。

阅读链接

随着社会的发展，回族的开斋节也增添了不少新的内容。我国回民聚居的一些地方，除节日参加聚礼等活动以外，还会组织丰富多彩的文娱活动。

如辽宁省鞍山市的回族青年，在节日里耍狮子舞，踩高跷；河北省沧州地区的回民在节日里表演武术；西北一些青年在节日里摔跤、掰手腕、拧指头、打扑克；城市里一些回民喜欢游公园等。

乌孜别克族开斋节的习俗

在我国，乌孜别克族也信奉伊斯兰教，为此，他们也有过开斋节的习俗。

入了斋月，男满12周岁、女满9周岁以上的乌孜别克族民，都要封斋，也叫把斋或闭斋。神志不清的、小孩儿、老弱有病的以及妇女月经期和产期都不封斋。

斋月的开始和结束，均以见到新月为准。斋戒的目的是为了培养穆斯林的坚强意志、廉洁的操行和宗教精神，以及忍苦耐饿的坚忍品格，养成宽厚仁慈、互助互爱的品行，同时还可预防和治疗疾病。

穆斯林青年在祷告

五香茶 我国回族和乌孜别克族的一种特殊茶品。在节日或喜庆的日子，乌孜别克族不仅饭菜讲究，饮茶也不同于平常的日子，届时要在茶碗内泡上冰糖、桂圆，称为三香茶，有的还要放上杏干、葡萄干称为五香茶，甚至连茶具也要选用好的。

在斋月的最后一个晚上，如果看见了新月，第二天便开斋，否则，开斋节日子推延，但一般不超过3天。

开斋节前夕，家家户户的穆斯林都要打扫房屋，准备丰盛的节日食品。勤快的主妇们在节前三五天便开始忙着炸油香、搓馓子，做出各式各样色彩缤纷的油炸果子，备好招待客人的"三香茶""五香茶"、新鲜瓜果、蔬菜，早早迎接穆斯林一年之中的盛大节日庆典。

开斋节期间，烹调佳肴、宴请宾客的这种风俗，追根溯源，其中还有一段传奇故事。

相传，伊斯兰教先知穆罕默德圣人在一次战斗胜利后凯旋归来时，穆斯林争先恐后地邀请他到家做客。

可穆罕默德圣人没有到富人家赴宴，却到了一位非常贫困的穆斯林老人家做客，而老人也没有美味佳肴招待穆罕默德圣人，只能端出来油汪汪、香喷喷的油香让他品尝，穆罕默德圣人高兴地用右手撕一块吃了，其余的分给了围观的小孩儿。

从此，穆斯林形成了吃油香时用右手撕开吃的习惯。

■ 乌孜别克刺绣女袍

开斋节这天，伴随着城内各清真寺高高的唤醒阁上传来的"索俩"声，各家各户点亮灯火，全家老少纷纷早起，全身沐浴后，穿上节日的盛装。

穆斯林男子们纷纷走出家门拥上街头，聚集到各大清真寺参加一年一度的"尔德"聚礼，聆听阿訇的讲演、诵经并做礼拜。

特别是"出荒郊"的场景，参加人数之多、规模之大、情形之壮观，令人叹为观止。每年的开斋节这天清晨，无论数九寒天还是炎炎夏日，无论风和日丽还是刮风下雨，成千上万的穆斯林男子整齐划一地面向圣地麦加克尔白方向跪拜，祈求真主赐福，其场面十分宏大而感人。

会礼结束后，大家串亲访友，互道问候，与亲人们分享节日的快乐。在乌孜别克族居住地方，开斋节期间穆斯林放假三天。

节日期间亲朋好友及同事之间还有相互走动说"色俩目"的习俗，从开斋节第二天起，亲友之间便开始忙着互送油香、馓子等节日礼品，以示祝贺。年

■ 回族青年

油香 俗称油饼，是回族和乌孜别克族人民的传统食品，每逢开斋节、古尔邦节、圣纪节，家家都要煎炸油香，除了自己食用以外，还要相互赠送，有的家里过节或纪念亡人，有红白喜事，也要炸油香以表示尊祖继俗。

轻夫妇和未婚女婿则要到岳父家登门开斋。

　　开斋节是伊斯兰的重要节日，在节日里，每个穆斯林参加各种祈祷和礼拜活动，提高个人的品性和道德，指望真主的更多恩典，祈求真主恩赐两世幸福，期待比平日更多的收获。

阅读链接

　　开斋节是穆斯林自我反省、自我更新、仁慈好施的日子。开斋节时应当多想到平日可能被遗忘的老人、亲友和附近的孤儿、寡妇和穷人。

　　由于祈求真主赏赐恩惠，首先应当感赞真主已经赏赐的恩典，而以自己富裕的条件施舍给精神和生活需要的其他人。通过一次成功的尔德节日，使我们个人、家庭和全社会都在真主的绿荫下提高一个阶梯。

　　教法还规定在节日进行下列七件事是可嘉行为：一是拂晓即吃食物，以示开斋；二是刷牙；三是沐浴；四是点香；五是穿整洁美丽的服装；六是会礼前开斋施舍；七是低声诵经。

东乡族开斋节的传说和习俗

东乡族是我国10个全民信仰
伊斯兰教的少数民族之一。长
期以来，伊斯兰教已经渗透到
东乡族人民社会生活和节庆习
俗的各个方面。

开斋节，或称"尔德节"，
东乡语叫"阿也"，节期3天。

关于东乡族开斋节的来历，
有一个古老的传说。就在麦加
地区的贵族们争相追逐财势，
纨绔子弟花天酒地、寻欢作乐
的时候，伊斯兰教先知穆罕默
德却经常远离城市到麦加的希
拉山洞去参悟，冥想造物之无

清真寺

民族盛典

少数民族节日与内涵

■ 东乡族服饰

穷的奥妙和人间的奇闻异象，苦苦寻求真理。

希拉山洞是一个较大的山洞，那里异常寂静，几乎与世隔绝。穆罕默德有时数十天不出山洞。

在穆罕默德40岁那年的一天，他又来到希拉山洞。他怀着对真主的虔诚信仰日夜静坐，苦思冥想，他祈祷真主为他指出一条正路。

莱麦丹月，也就是伊斯兰教历九月末的一个夜晚，正当他昏然沉睡时，忽然听到冥冥中有一个声音再三地让他以真主的名义诵读。这声音是真主派天使吉卜利勒给至圣穆罕默德的第一次启示。

自此之后，穆罕默德以更虔诚的态度和刻苦的精神继续在希拉山洞内冥思参悟。过了一段时间，他又受到第二次启示。

一天夜间，他在希拉山洞冥想，突然听见一个洪大的声音："披大衣的人哪，起来去警告世人吧!"

这声音久久在山洞内回荡。这明明是真主在命令他承担起宣传伊斯兰教的使命。他不能再等待了。

第二天，穆罕默德走出山洞，便以安拉使者的身份开始了传播伊斯兰教的活动。传教活动中，要求崇拜安拉，按时礼拜，交纳天课和对穷人施舍，有条件者要朝觐天房，还要求封斋。

伊斯兰教教历九月是戒斋的月份，九月因此被称为斋月。斋月中，穆斯林白天不饮不食，不准说污言秽语，夜间饮食，人们称之为"封斋"。

每天后半夜三四点时沐浴进食，听到清真寺的"邦克"声后停止进食，一律封斋，直到日落前不得进一粒米、一滴水，克制一切私心杂念，日落后，才能开斋用餐。

斋月接近尾声时，人们要粉刷房屋，打扫庭院及街巷、厕所，理发洗澡，并把清真寺装饰一新。同时赶制节日服装，准备节日食品。

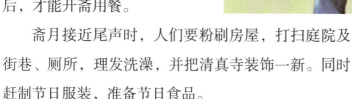
■ 东乡族服饰

家庭主妇们开始忙碌了，采购肉、油、面、蜂蜜、鸡蛋、白糖等食品，炸油香、搓馓子、做姜片、炸鸡蛋馃馃，准备过开斋节。

当一弯新月再次挂上天幕，东乡各处的清真寺里传出阵阵悦耳的"色俩目"声，意味着斋月结束，开斋节到了。

节日清晨，大街上挂满了"热烈庆祝开斋节""欢度开斋节"的彩色条幅。成年男子沐浴净身，身着新衣或洁净服装，聚集在清真寺会礼。

会礼结束，或由阿訇率领集体游坟，或各家各户上墓地念经祈祷，悼念亡人。然后，在绣有阿拉伯

穆斯林 又作穆士林，意思是顺服伊斯兰教的神安拉的人。另外穆斯林多数自称正教徒。目前一般提到的穆斯林都是指伊斯兰教徒。穆斯林于每年开斋节和古尔邦节举行集体礼拜，一般需在大清真寺或郊外露天举行。规模之大和礼仪之隆重，都胜于主麻聚礼。

东乡族生活场景

经文的绿旗带领下，集体前往早已选定的开阔地，举行了盛大聚礼，也叫"出荒郊"。

成千上万的穆斯林，齐整地面向圣地麦加克尔白方向跪拜，聆听阿訇讲解斋月的尊贵、封斋的意义和聚礼的神圣。

之后，人们前往各亲友及邻里家互道问安，互赠油香、馓子、油馃等，表示拜节祝贺。这一天，富裕的东乡族穆斯林，要交付一定数额的开斋捐，施赏于贫困的穆斯林。

一般中年妇女在家待客，年轻夫妇、未婚女婿要在节日后的一两天带上礼品前去岳家给岳父母拜节，许多青年还在节期举行婚礼。

阅读链接

对于东乡族的穆斯林来说，斋月是一年中最重要的月份。根据圣训，在这个月中，真主对他仆民的仁慈大门打开了，这是真主为世上穆民选定的尊贵月份。

穆罕默德命令信士们为真主守斋戒，行善功，接受考验，领取善报。因此，在斋月中斋戒，也就成了伊斯兰教的五大功修之一。

圣训所命令和倡导的斋戒就是放弃和克制。是为了崇拜真主安拉而克制原本合法的食欲和性欲。斋月期间，凡穆斯林信徒，除产妇、病人、出门人以及年龄在12岁以下的男孩、9岁以下女童外，一律封斋。

古尔邦节

古尔邦节又称宰牲节，是伊斯兰教两大节日之一，也是我国回族、维吾尔族、保安族、塔吉克族、塔塔尔族、东乡族等少数民族共同的盛大节日。

在古尔邦节这一天，穆斯林们要穿新衣，屠宰牲口，将肉食不仅留给自己家，而且要分送给穷人家，要确保所有的穆斯林都要有一份肉食。

新疆的哈萨克、柯尔克孜、塔吉克、乌孜别克等民族，节日期间还举行叼羊、赛马、摔跤等丰富多彩的活动。

回族古尔邦节传说和习俗

　　古尔邦节是阿拉伯语"尔德·古尔邦"的音译，意为牺牲、献身，故也称宰牲节、献牲节、忠孝节。古尔邦节在开斋节后第七十天举行，时间是伊斯兰教历太阴年十二月初十。

　　相传，古尔邦节起源于古代先知易卜拉欣的故事。易卜拉欣独尊

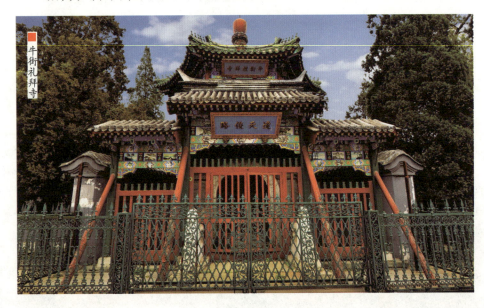

牛街礼拜寺

安拉，并且无比忠诚，他常以大量牛、羊、骆驼牺牲
献礼，作为敬拜安拉的一种方式，人们对他无私的虔
诚行为大惑不解。

当时易卜拉欣老来无子，甚是烦恼，即向安拉祈
祷：倘若安拉给他一子半女，即使以爱子做牺牲，他
也绝不痛惜。

后来，他的妻子真生了一个儿子，取名为伊斯玛
仪。伊斯玛仪的出生，给易卜拉欣老两口带来了无尽
的愉悦。光阴荏苒，他把许愿的事情忘记了。

在伊斯玛仪长成一个英俊的少年的时候，安拉的
考验来了。安拉几次在梦境中默示他履行诺言。于是
他先向爱子伊斯玛仪说明原委，并带他去麦加城米纳
山谷，准备宰爱子以示对安拉忠诚。

■ 回族挂毯

太阴年 伊斯兰教
历以太阴运行计
算年月和以迁徙
之年为纪元的历
法，或称希吉来
历。我国又称回
历。阿拉伯历分
太阳年和太阴年
两种。太阳年以
太阳计年计月，
叫作"不动的
月"，供农事活动
之用；太阴年以
太阴计年计月，
叫作"动的月"，
供宗教活动和历
史纪年之用。

民族盛典
少数民族节日与内涵

朝觐 是伊斯兰教五项基本功课之一，也是我国伊斯兰教一项大型涉外宗教活动，涉及10个信仰伊斯兰教的少数民族，涵盖20余个省、自治区、直辖市。可以说，每年的朝觐活动都牵动着全国穆斯林的心。我国穆斯林称其为朝功。所有穆斯林，无论是男是女，都会尽最大努力争取一生至少要前往麦加朝觐一次。

途中，恶魔易卜劣斯几次出现，教唆伊斯玛仪抗命和逃走，伊斯玛仪拒绝魔鬼的诱惑，愤怒地抓起石块击向恶魔，最后顺从地躺在地上，遵从主命和其父的善举。

正当易卜拉欣举刀时，天使吉卜利勒奉安拉之命降临，送来一只黑头羝羊以代替牺牲。

安拉并默示："易卜拉欣啊！你确已证实那个梦了。我必定要这样报酬行善的人们。这确是明显的考验。"

为纪念这一事件和感谢真主，先知穆罕默德继承了这一传统，将之列为朝觐功课礼仪之一。

在古尔邦节来临前，回族人通常在节前要打扫室内外卫生。家庭院落、大街小巷都打扫得干干净净，东西堆放得井然有序。家家户户在节前都要炸油香、馓子、花花等。孩子们换上节日服装，欢乐地奔跳。

节日拂晓，沐浴净身，燃香，换上整洁的衣服赴清真寺参加会礼。回族当中流传着一句这样的俗语：

■ 回族节日美食蒜香羊排

当不了月回族，总得当个年回族。

这句话的意思是，无论多忙，这一年一度的会礼和庆祝活动要参加。即使外地人不懂回族的风俗习惯，那么，

回族女孩头饰

外地人也得入乡随俗。

古尔邦节的会礼和开斋节一样，非常隆重。大家欢聚一堂，由阿訇带领全体回民向西鞠躬、叩拜。如果在一个大的乡镇举行，可谓人山人海。

在聚礼中，大家要回忆这一年当中做过哪些错事，犯过哪些罪行，阿訇要宣讲"瓦尔兹"，即教义和需要大家遵守的事等，最后大家互道"色俩目"问好。

会礼结束后，还要举行一个隆重的典礼，这就是节日里，除了炸油香、馓子、会礼外，还要宰牛、羊、骆驼。一般经济条件较好的，每人要宰一只羊，7人合宰一头牛或一峰骆驼。

宰牲时还有许多的讲究，不允许宰不满2岁的小羊羔和不满3岁的小牛犊、骆驼，不宰眼瞎、腿瘸、缺耳、少尾的牲畜，要挑选体壮健美的宰。所宰的肉要分成3份：一份自食，一份送亲友邻居，一份济贫施舍。

宰牲典礼举行完毕后，家家户户又开始热闹起来，老人们一边煮肉，一边嘱咐孩子们：吃完肉，骨头不能扔给狗，要用黄土覆盖好。

回族少女

　　这在古尔邦节是一种讲究。肉煮熟后，要削成片，搭成份子；羊下水要烩成菜。而后访亲问友，馈赠油香、菜，相互登门贺节。有的还要请阿訇到家念经，吃油香，同时，还要去游坟，并缅怀先人。

阅读链接

　　我国回族的传统节日是与伊斯兰教分不开的。新中国成立以后，人民政府规定开斋节、宰牲节、圣纪节为信仰伊斯兰教各少数民族共同的民族节日，并规定节日放假1至3天。回族一年过的节日也主要是这三大节日。

　　回族是信仰伊斯兰教的民族，并把它作为容纳和融合其他民族成员的根本前提。自1979年以来，宁夏恢复开放了宗教活动场所，开办了伊斯兰教经学院，多数市县成立了伊斯兰教协会。现在全自治区共有清真寺3000余座，有阿訇4000名，还有3900多名在各清真寺学习经学的姆特林。

　　伊斯兰教宗教思想及其道德规范，不仅影响着回族的生老病死、衣食住行、婚丧嫁娶等诸方面，而且对回族的形成及其经济、文化、思想、道德、家庭等方面起着重大作用。现在，我国回族群众的宗教生活得到充分的满足，信教完全自由。

维吾尔族古尔邦节的习俗

维吾尔族的古尔邦节是穆斯林的一大节日，也是最具魅力、极富伊斯兰教宗教文化内涵的节日，节日气氛特别浓郁。节日的时间和回族一样，在开斋节后第七十天举行。

伊斯兰教创立后，穆罕默德将太阴历十二月初十定为伊斯兰教的节日之一，这个日子恰恰是麦加朝觐活动的最后一天。这样，古尔邦节逐渐成了从11世纪初开始改信伊斯兰教的维吾尔族人

维吾尔族姑娘

烤馕 是维吾尔族人日常生活中不可缺少的最主要食品，也是维吾尔族饮食文化中别具特色的一种食品。烤馕已有2000多年历史。馕品种很多，大约50多种。主要有肉馕、油馕、窝窝馕、片馕和芝麻馕等。馕面中含有鸡蛋、清油。由于含水分少，外干内酥，久储不坏，便于携带。

民一年一度的盛大节日。

节前，维吾尔族穆斯林家家户户打扫干净，制作各种糕点，炸油馓子、烤馕，做新衣裳，为节日做好准备。

按照传统的规矩，维吾尔族穆斯林在古尔邦节这天清晨沐浴更衣，到清真寺做礼拜，上坟缅怀先人。同时，人们还要做各种准备特别是作为"献牲"的牲畜要预先买好。

节日这天清晨，清真寺前人山人海，盛况空前。维吾尔族男人们纷纷聚集到清真寺里来，跪拜的人们从寺内一直延伸到大街上，仪式完毕，城乡各地的清真寺内外顿时变成鼓乐的海洋，人们尽情轻歌曼舞，欢庆节日。

聚礼之后，人们回家的第一件事就是杀牲血祭。至于是宰牛杀羊还是杀鸡杀鹅，这由各家的经济实力

■ 维吾尔族马队

来决定。

通常人们把血祭的牲畜宰好，把大块大块的连骨肉炖到锅里之后，男子们才开始互相拜节，妇女们则留在家里炖肉和摆上节日食品、烧茶等，准备迎接客人。

节日的第一天，首先给在近期内发生过丧葬等家难的乡亲拜节，其次是给夫妻双方的长辈拜节，再次就是给近邻和长者拜节。

当天，亲朋好友互相拜节，家家户户都以最丰盛的食物招待客人。即使平日有积怨的人，只要在节日期间登门拜访，互致问候，就会化解矛盾，言归于好。

在这种礼节性的拜节活动中，除了给夫妻双方的老人拜节是夫妻同去之外，其他的拜节活动往往是三五成群，男女分开进行。在维吾尔民间礼俗中，一般是不允许男女混杂的。

这之后，才是同辈亲朋好友之间的拜节。大家除了互相道贺、彼此问候之外，还要共餐痛饮，吹拉弹唱一起娱乐。维吾尔民间的拜节是维吾尔人增强社会联系、严守礼尚往来这一准则的重要组成部分。

　　新疆维吾尔族在古尔邦节时，还要举行盛大的歌舞集会。广场四周另有一番景象：色彩缤纷的伞棚、布棚、布帐、夹板房内，铺设着各式各样的木桌、板车、地毯、毛毯、方巾，上面备有花式繁多的食品小吃。此后，维吾尔族人们还要连续举行3天大大小小的麦西来甫歌舞，尽情抒发心中的欢乐之情。

阅读链接

　　古尔邦节是信仰伊斯兰教的维吾尔、哈萨克、回、乌孜别克等民族的共同节日，新疆各族穆斯林放假3天，现在，居住新疆的汉族也跟着放假一天，与维吾尔族等民族共庆古尔邦节。

　　我国新疆地区突厥语系及其他语种的各族穆斯林特别重视此节日。这一天，各族穆斯林皆盛装参加会礼，宰牲宴请亲友、宾客，并与前来祝贺节日的其他各族人民一起，举行丰富多彩的文艺联欢，欢庆歌舞延续数日，故称为"大尔德"。

　　通用汉语的穆斯林，是日盛装赴寺会礼，家中熏香，有条件者宰牲宴请亲友，游坟诵经，缅怀先人。

塔吉克族古尔邦节的习俗

清晨，"买僧"的高喊声和浑厚有力的"咚咚"鼓声，打破了萨喇库勒岭的宁静，它向人们宣告：库尔班节开始了！

库尔班在阿拉伯语中称作"尔德·古尔邦"，也就是穆斯林的"古尔邦节"。因为"古尔邦"和"艾祖哈"译成汉语，都含有宰牲、献牲之意，因此，不少人都把这一节日的名称，汉译为宰牲节，即宰杀牲畜献祭穆圣的节日。

塔吉克族项饰

毡房 即毡帐。指圆顶帐蓬，用木条做骨架，上蒙毡子。它不仅携带方便，而且坚固耐用，居住舒适，并具有防寒、防雨、防地震的特点。房内空气流通，光线充足，千百年来一直为哈萨克和塔吉克等族牧民所喜爱，由于是用白色毡子做成，毡房里又布置得十分讲究，人们称之为白色的宫殿。

因为地域和音译的关系，在我国新疆的塔吉克、维吾尔、哈萨克、柯尔克孜等民族，将该节称为"库尔班节"，甘肃、青海省的东乡、保安、撒拉等民族，则笼统地称其为尔德节。

7世纪，穆罕默德创立伊斯兰教之后，把库尔班节定为本教派的重大节日。从此以后，世界上所有伊斯兰教的教民，都按照传统阿拉伯习惯，宰杀羊、牛等牲畜，欢庆库尔班节。我国塔吉克族人，从10世纪初由佛教改信伊斯兰教，之后便有了欢度库尔班节的习俗。

节日之前，塔吉克族人家都把房屋、毡房打扫得干干净净，房内墙边都撒上一些白面粉，土炕上的被褥折叠得整整齐齐，墙上都挂了羊毛毡，不少人家还都忙着制作节日糕点，油炸食品。

节日的清晨，几乎所有的成年塔吉克族男人，都要用清清的山泉水沐浴，然后穿上青色的新上衣，系上宽宽的腰带，戴上新羊羔皮帽，拿上拜毡，匆匆赶往约定地点，参加一年一度的盛大会礼。

这时，穆斯林们见面都相互握手拥抱，互道节日愉快。接着，他们便在伊玛

■ 塔吉克族服饰

■ 塔吉克族人物蜡像

目，即教长的带领下，跪在地上，低头念诵赞词和圣训，默默地祈祷。

塔吉克族的库尔班节礼俗，与维吾尔、柯尔克孜、哈萨克等穆斯林民族相比，大同小异。

相同的是，塔吉克族也有关于库尔班节的来历的传说，其过节时间，祭祀用的牛羊都与维吾尔等民族相一致；不同的是塔吉克族人有按照本民族的物质和文化特点，欢度自己节日的传统，并且还有依照自己的文化素质解释教义的族俗。

塔吉克族人在库尔班节时所用的祭祀羊，与维吾尔族所用的不一样。他们对选择祭祀用的羔羊相当神秘，带有传奇色彩。

他们为了表示对教祖易卜拉欣的虔诚，头年就为第二年库尔班节的献祭，做好了选择羔羊的准备。

伊玛目 是对领导者的尊称。最早来源自穆斯林做礼拜时候的领拜人，又称为带拜人、众人礼拜的领导者。伊玛目要负责带领穆斯林大众做礼拜。礼拜的时候，所有参加者必须遵守伊玛目的领导，必须跟随做礼拜。具体而言，不能先于伊玛目做出动作，否则就是有罪。

在母羊产羔时，人们都从自己的羔羊中，精选出一只黑眼睛、羊毛纯白的羔羊，打上标记，严加看护，精心饲养，作为呈献给库尔班节的祭礼。

节日的前一天，主人便把选好的羊牵到房顶上宰杀，并把羊血涂抹在自己孩子们的前额和双颊上，作为节日的吉祥饰物。剥掉羊皮的羔羊肉要整个放在锅里煮。

之后，人们便把煮熟的整羊送到塔吉克族人的宗教活动场所，这是一种不同于礼拜寺的房舍，交给管理人员。

待做完库尔班节的祷告后，人们便围坐在地上的餐布周围，谈笑风生，互致问候，分食这些已经完成祭祖任务的羔羊肉。

这种一年一度的庄严会礼之后，他们便三五成群地挨户给邻人和亲朋好友拜节。

塔吉克族

按照传统礼节，在节日里主人都要摆出丰盛的宴席，招待成群结队前来拜节的亲朋好友和街坊邻人，同食羊肉、牛肉、糕点、奶制品和瓜果等，互相祝贺，共叙友情。同时，还有不少人带上祭品，到自己家族坟地祭扫，缅怀先人。

在库尔班节期间，从城镇到山村，塔吉克族人都要举行骑马叼羊、骑牦牛叼羊和赛马等游艺活动。

特别有趣的是骑牦牛叼

塔吉克族胸饰

羊，开始时，先由长者为参赛者祈祷，然后所有参赛者骑在牦牛背上向长者祝福。

比赛中，被叼的羊只，由获胜者扔到谁的园中，认为是喜从天降，就要给获胜者的牛头上披红，给获胜者发放喜钱。用这只羊羔做熟的肉，称为幸福肉，群众争相分食，以示吉祥。

阅读链接

新中国成立后，塔吉克族人的宗教信仰和宗教节日，得到党和人民政府的尊重。为了照顾信仰伊斯兰教的民族欢度节日的需要，早在1950年中央就颁布了信仰伊斯兰教的人民在其三大宗教节日中，可以免税屠宰自己牛羊的通令。

同时，粮食部门增供一些优质面粉和清油，商业部门还增设货点，组织供应一些紧俏的民族特需商品，便于塔吉克族人民群众欢度节日。

塔塔尔族和撒拉族的习俗

塔塔尔族服饰

在我国，除了回族、维吾尔族、塔吉克族等少数民族有过古尔邦节的习俗，塔塔尔族和撒拉族也有过此节的风俗。

塔塔尔族人把古尔邦节叫作"古尔邦艾提"。

临近古尔邦艾提的时候，塔塔尔族家家户户的主妇就忙碌起来了，她们要制作大量的油炸馓子和各种精美点心，为节日期间来家里贺节的亲朋好友和远方的来客准备好充足的美食。盛大的节日也是主妇们的手艺与持家德行的大展示和大竞赛。

节日清晨，男性穆斯林要沐浴更

衣，到清真寺做礼拜，听阿訇讲解教义和《古兰经》。然后回到家立即洗手，准备宰杀牲畜。

宰羊时，传统习惯不绑羊腿，据传说，宰的这只羊是上天堂乘骑的牲畜，绑了腿就没法行走，也就上不了天堂。

宰后切成大块煮，熟后放在大盘子内，客人来后，主人就当着客人的面用刀子把肉切成片，热情地请客人吃肉，并请喝一碗肉汤。而客人即使吃得再饱，也得尝尝主人家的羊肉。

■ 撒拉族服饰

在节日期间，塔塔尔族的男女老幼都穿上节日盛装，走亲串邻，祝贺节日。

古尔邦节也是撒拉族最盛大的节日，过节的规模和被重视的程度也是最高的。

每当节日来临，撒拉族都要宴请宾客，煮手抓羊肉，炖鸡肉，做糖包、油炸蛋糕、炸馓子，做"比利买海""木丝日"和各种烩菜。

在民间，撒拉族人在婚丧嫁娶时，都要炸油香、煮麦仁饭，其间凡参与炸油香、煮麦仁饭的妇女必须要"乎斯里"，即沐浴过，未经沐浴或经期妇女，不允许参与这项工作，也不允许到油锅附近去。

塔塔尔族 我国信仰伊斯兰教的少数民族之一，属于白色人种。塔塔尔族主要散居在新疆维吾尔自治区境内，比较集中的是伊宁、塔城、乌鲁木齐等城镇。另外，奇台、吉木萨尔和阿勒泰等县市的农牧区也有少数的塔塔尔族。

节日美食麻辣羊蹄

在古尔邦节来临前，撒拉族还要沐浴盛装，举行会礼，互相拜会，宰牛羊，互相馈赠以示纪念。

古尔邦节还表达了撒拉族人民扶弱济贫、同享欢乐的愿望，在节日期间，凡是宰牛宰羊人家，至少要把1／4的肉食分赠给没有能力宰牛、羊的人，从而使人们不论贫富都可以愉快地度过这个盛大节日。

阅读链接

在古尔邦节日里，宰牛羊的当天，撒拉人还将牛羊肠、肚等用碱水洗净，再将牛羊心肝等剁成肉末或肉泥，拌以面粉、葱花等，细心地塞进牛羊大肠里，用细线封口。

另外，将豆面和白面拌匀调成面糊，由两人合作，灌入小肠内，封口，和大肠一起放进锅里，同时再放进几块胸叉肉一块儿煮。十几分钟，大小肠即熟。为防止肠皮煮烂，火候要适中。

煮熟后，即请来亲友，由主妇捞出放到盘子里，端到客房的炕桌上，每人准备一把刀，客人自己一节一节地割下吃，各人的小碗里盛有用蒜泥、辣酱和醋调成的作料汁。

特色节日

　　我国的少数民族众多，各民族的节日都很丰富多彩。除了前面很多民族共有的节日，如三月三、泼水节、火把节等，著名的还有蒙古族的那达慕、傈僳族的刀杆节、哈尼族的扎勒特、苗族的花山节、藏族的酥油花灯节、景颇族的目脑纵歌和拉祜族的月亮节等。

　　在节日期间，人们穿上丰富多彩的民族盛装，载歌载舞，欢聚一堂，以本民族特有的形式举行各种庆祝活动。

蒙古族那达慕大会的习俗

蒙古族在祭敖包

那达慕大会，是蒙古族最盛大的节日聚会。那达慕是蒙古语的译音，译为"娱乐"或"游戏"。这是蒙古族人民最喜爱的一种传统体育活动形式，时间在每年农历的六月初四至初八，共5天。

那达慕大会在蒙古族的生活中占有重要地位，是适应蒙古族生活需要而产生的。

那达慕的前身是蒙古族的祭敖包，过去时那达慕期间要进行大规模祭祀活动，喇嘛们要焚香点灯，念经诵佛，祈求神灵保佑，消灾消难。

蒙古族在长期的游牧生活中，那达慕发生了变化，创造和流传下来了一系列具有独特民族色彩的竞技项目和游艺、体育项目。

那达慕有久远的历史。据铭刻在石崖上的《成吉思汗石文》记载，那达慕起源于蒙古汗国建立初期，早在1206年，成吉思汗被推举为

■ 蒙古族射箭比赛

蒙古大汗时，他为了检阅自己的部队，维护和分配草场，每年7月至8月间举行"大忽力勒台"，也就是我们平时所说的聚会活动。

聚会时，将各个部落的首领召集在一起，为表示团结友谊和祈庆丰收，都要举行那达慕。起初只举行射箭、赛马或摔跤的某一项比赛。

到元、明时，把射箭、赛马、摔跤比赛结合一起，成为固定形式。后来蒙古族简称这三项运动为那达慕。

在元朝时那达慕已经在蒙古草原地区广泛开展起来，并逐渐成为军事体育项目。元朝规定，蒙古族男子必须具备摔跤、骑马、射箭这三项基本技能。

到了清朝，那达慕逐步变成了由官方定期召集的有组织、有目的的游艺活动，以苏木、旗、盟为单位，半年、一年或三年举行一次。此俗沿袭至今，每

祭敖包 蒙古族传统的祭祀活动。敖包通常设在高山或丘陵上，由石头垒起，上插树枝、柳条。树枝上挂满五颜六色的布条和纸旗，四面放着烧柏香的垫石：供有整羊、马奶酒、黄油和奶酪等。祭敖包时，由萨满巫师击鼓念咒、膜拜祈祷。牧民都围绕着敖包，从左向右转三圈，祈求风调雨顺、人旺年丰。

乘马斩劈 蒙古族的一种马上技巧。乘马斩劈分为单刀斩劈和双刀斩劈，起源于古老的骑兵战术；当骑兵向敌人发起进攻时，挥舞马刀劈向所有阻挡他们前进的目标。乘马斩劈难度较大，不仅要有强壮的体力，而且必须具备过硬的骑术。

年蒙古族都举行那达慕。

现在，那达慕的内容主要有摔跤、赛马、射箭、赛布鲁、套马、下蒙古棋等民族传统项目，有的地方还有田径、拔河、排球、篮球等体育竞赛项目。

此外，那达慕上还有武术、马球、骑马、射箭、乘马斩劈、马竞走、乘马技巧运动、摩托车等精彩表演。参加马竞走的马，必须受过特殊训练，四脚不能同时离地，只能走得快，不能跑。

夜幕降临，草原上飘荡着悠扬激昂的马头琴声，篝火旁男女青年轻歌曼舞，人们沉浸在节日的欢乐之中。

摔跤、赛马、射箭，自古以来是男子汉们必备的本领，也是衡量他们有没有本事的标志。这些活动不需要专门的场地、特殊的器材和固定的人数，随时随地都可进行。

因此，不仅是那达慕大会的主要内容，劳动之余或婚礼、节日等喜庆时刻，民间也经常开展。

蒙古族摔跤既不同于中国式摔跤，也不同于日本的相扑，其规则、方法、服装、场地等方面都有自己的特点。

比赛规则是不分等级，没有身高、体重和年龄的限制的。在参与人数上，只要是2、4、6、8、10等双数即可。

所有选手由德高望重的裁判员负责编排配对或抽签配对后上场。比赛实行单轮淘汰制，一跤定胜负，失败者不允许再上场。

裁判员发令后，双方握手致意，然后比赛开始，可以采取勾、拉、踢、绊、推等各种方法和技巧，但不能抱腿摔，也不准乱踢，更不能扯裤子，膝盖以上任何部位着地即为失败。每轮淘汰半数。

比赛场地简单，只要有一片草坪或松软空地，观众席地围坐，摔跤手就可以在中间进行比赛了。比赛前，双方都有人高唱挑战歌，以助声势。摔跤手入场、退场时都要模仿雄鹰的动作，跳跃行进，威武雄壮。

151

蒙古族赛马一般分为赛走马和赛奔马两种。赛走马是指让马走对侧步，即前后蹄一顺交错前进，比马的速度、耐力、稳健和美观。参赛的马多用5岁以上的成年马，骑手也以成年人为主。

比赛时，要求骑手有高超的骑术，能够驾驭好马，使其既走得快、稳、美，又不能跑起来。

赛奔马是比马的速度和耐力，以先到达终点者为胜。奔马的步伐

那达慕赛马

■ 那达慕盛会旗帜
飞扬

奶酒 主要为我
国北方游牧民族
所酿造与饮用。
从古代的匈奴、
东胡、乌桓、
鲜卑到现在的蒙
古、柯尔克孜、
鄂温克等民族，
都非常擅长酿造
奶酒。这些民族
古代过着"逐水
草而迁徙"的游
牧生活。为防饥
渴，常在随身携
带的羊皮袋中装
些马奶。由于整
天飞马颠簸，马
奶的乳清和乳淬
分离开来，乳淬
下沉，乳清上浮
并成了具有催眠
作用的奶酒。

与走马不同，是四蹄分前后成双交错奔跑。

参赛的选手大多为男子，尤以十二三岁的小男孩
居多，因为他们体形轻便敏捷。为了减轻马的负荷和
照顾骑手的安全，奔马都不备鞍具或配备轻巧的鞍
具。骑手们只穿华丽的彩衣，头束红绿飘带，显得英
武、神气。

赛程一般长25千米至35千米。奔马赛比走马赛普
遍，参赛的人数也多，少则几十多则超过百人。

比赛开始，选手们迅速跃马，扬鞭飞奔，观众则
雀跃欢呼，呐喊助威。按蒙古族的习俗，赛马结束后
还要赞马。

取得名次的马依次排列在主席台前，由德高望重
的老年人诵唱赞马词，然后还要朝获得第一名的马身
上撒奶酒或鲜牛奶，以示祝福。

除这种传统的赛马方式外，近些年还出现了障碍

赛、花样赛等新的赛马形式，使马上运动项目更加丰富，更加精彩。

蒙古族射箭也分静射和骑射两种。弓箭的式样、重量、长度、拉力都不限，各取其便。

一般规定每人射9箭，分3轮射击，以中靶的箭数多少评定名次，静射即指站立不动拉弓而射。人和靶位之间的距离可依具体情况而定，但同一次比赛赛程是固定不变的。

骑射是指选手在特制的跑道上边骑马奔驰边拉弓而射。跑道通常为一条4米宽，85米长，半米多深的沟。跑道左侧立有两个靶位，右侧立有一个靶位。比赛时，射手跃马进入跑道，在疾驰的马背上张弓搭箭，瞄准劲射。

阅读链接

蒙古族那达慕大会的召开，一般都集中在每年的春夏秋三个季节，而且每次必须进行赛马、博克、射箭3个体育项目。蒙古人把这3项比赛叫为"好汉三技艺"。

那达慕由有名望的长者来主持。开幕式上，主持人献上洁白的哈达，朗诵颂词，其主要是赞美草原上的英雄博克、飞快的骏马和著名的射手们，并预祝那达慕的胜利召开。

后来，那达慕除了进行男子三项竞技外，还增加了马球、马术、田径、球类比赛、乌兰牧骑演出等新的内容，同时举行物资交流会和表彰先进。

当举行那达慕大会时，牧区方圆数百里的牧民穿起节日的盛装，骑着骏马或乘坐汽车、勒勒车络绎不绝地前来参观。那达慕期间帐篷林立，组织广泛的物资交流会，以促进生产。晚上还举行各种形式的文艺活动。那达慕已成为全民健身和群众娱乐的重要活动。

傈僳族刀杆节的传说和习俗

  刀杆节，也写作"刀竿节"，是傈僳族的一个重要节日，傈僳语叫"阿堂得"，意思是爬刀节。云南腾冲、保山、怒江等地傈僳族的刀杆节是每年农历二月初八举行。

■ 傈僳族妇女在庆祝节日

■ 刀杆节爬刀山

关于这个节日的起源，还有一个古老的故事。

传说，在明朝时候，朝廷派兵部尚书王骥来边疆安边设卡。王尚书到职后，很快赶走了外来的侵略者，他体察边民的疾苦，积极帮助傈僳族发展生产，使傈僳族人的日子越过越好，受到傈僳族人民的爱戴。后来，王尚书遭奸臣的诬告，被调回朝廷。

在农历二月初八的洗尘宴上，王尚书被奸臣用毒酒害死。当这个不幸的消息传到傈僳山寨时，气得人们摩拳擦掌，都想给王尚书报仇。

为了纪念这位反抗外族入侵的人物及在战斗中牺牲的人，傈僳族决定将这一天作为"刀杆节"，并用上刀山、下火海等象征仪式，表达愿赴汤蹈火相报的感情，由此沿袭，逐渐形成传统。

兵部尚书 我国古代官名。是六部尚书之一，别称为大司马，统管全国军事的行政长官，明代正二品，清代从一品。明清两代，因为兵部下辖4部门，当时分管各地驻军的粮草、军队的调动以及军队官员的任命的衙门。

少数民族节日与内涵

■ 刀杆节爬刀山

气功 一种以呼吸的调整、身体活动的调整和意识的调整为手段，以强身健体、抗病延年、开发潜能为目的的一种锻炼方法。气功发源地是我国。在古代气功通常分为吐呐、行气、布气、服气、导引、炼丹、修道、坐禅等，我国古典的气功理论是建立在中医养生健身的理论之上的，自上古时代即在流传。

节日这天，几十里内外的傈僳族群众，穿着节日的盛装，从四方八面汇集到刀杆场来。

在夜幕降临大地时，刀杆场上里里外外燃起许多火堆。广场中央燃起的4个大火堆的熊熊烈火腾空而起，照射着满场的人群。

接着锣声响成一片，刀杆场上的人们互相拉起手来，围着明亮的火堆，跳起轻快的舞蹈。当场上四堆烈火燃得只剩下红红的火炭时，活动的主持者宣布"跳火海"活动开始。

这时，5个光着双脚的剽勇汉子立即闯入场上的火海，在里面不停地弹跳，急促的脚步踩起无数的火花四处飞溅，好似飞逝的流星。

接着，踩火者以闪电般的速度，个个手捧通红的火炭，分别在脸上和身上擦洗，然后又让火球在他们手中飞快地翻滚、搓揉。

围观的群众时而欢快，时而紧张，时而赞叹，时而惊讶，观众不时地发出阵阵喝彩声。经过一阵紧张激烈的表演，一堆堆火炭被踩成碎粒，火焰也奄奄一息时，"跳火海"活动才宣告结束。

第二天，刀杆场上竖起两根20余米高的红花树杆，树间交叉着36把刀刃朝上的长刀。晌午时刻，欢乐的人群再次挤满广场。

随着主持者一声令下，顿时锣鼓喧天，鞭炮齐鸣，头天晚上"跳火海"的五名勇士头戴蓝布帽，身穿大红袍，赤脚冲至刀杆树下，各自斟满一杯壮胆酒一饮而尽。随即他们纵身跳上刀杆，双手紧抓上层的刀面，赤脚斜踩在下层锋利的刀刃上，运用平时练就的气功本领撑着脚掌，手脚交替，一步一步地向上攀登。

当勇士们登上高高的杆顶时，场上簇拥的观众，个个瞠目结舌，并爆发出热烈的欢呼声。

后来，刀杆节这个群众性的活动，去掉了过去一些带有迷信色彩的环节，掺进了一些健康新颖的唱词，跳得更加欢快有力了。

传统的三弦儿舞，增加了手上的舞蹈动作，配以唱词和锣鼓，舞姿更加轻快活泼。情歌对唱、箫演奏等也搬上了舞台，使这项活动更富有民族特点和吸引力。

阅读链接

刀杆节是傈僳族人民自然崇拜的产物，更是傈僳族人民不畏艰险的民族精神的体现。

节日中，原始信仰的内容已被展现健康新颖的唱词和丰富的手上舞蹈动作的"跳嘎"所取代，具有了更广泛的群众性。这一古老而又奇特的刀杆节，已被有关部门正式定为傈僳族的传统体育活动。

哈尼族扎勒特的节日习俗

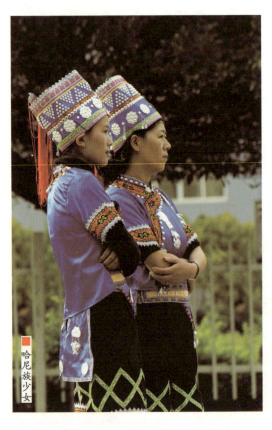

哈尼语"扎勒特"或"米索扎",是哈尼族的重要节日。汉语称为十月年,也称年节。时间从农历十月的第一个龙日开始,直至猴日结束,历时五六天,是哈尼族一年中时间最长、内容最丰富的节日,相当于汉族的春节。

哈尼族以农历十月为岁首,所以每年农历十月的第一个龙日要过"十月年"。十月年为大年,按哈尼族的历法,十月是岁首。具体日期各寨可先可后。

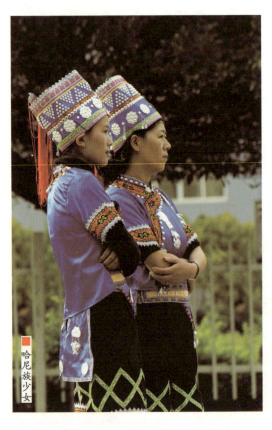
哈尼族少女

■ 哈尼族舞蹈

这时，正是大春上场，厩中猪肥的时节，有条件的人家都杀牲，春糯米粑粑、蒸年糕、染黄糯米饭献天地祖宗。

男女老少都着新装，亲友们互相走访。有男孩子的人家多在这个节日里请媒人去说亲，嫁出去的姑娘也要带着酒、肉和粑粑回娘家献祖过年。村里的老年人轮流到接到订婚礼物或有姑娘回家的人家去探望，分享一些礼品。

农历十月年的第一天，所有的哈尼族山寨都打扫得干干净净。男女老少穿上崭新的民族服装，姑娘们头上、新衣上缀满了闪闪发光的银泡、银链、银牌，走起路来"叮当"作响，既好看又好听。

年节的头天拂晓，家家的妇女都忙着春粑粑，做团籽面，寨子上空响彻了"空通空通"的春碓声。男人们忙着杀猪宰牛，烹制各种美味食品。

民族风情

特色节日

哈尼语 属汉藏语系藏缅语族彝语支。分布在我国云南省的红河哈尼族彝族自治州、西双版纳傣族自治州以及墨江哈尼族自治县、江城哈尼族彝族自治县、思茅市、镇沅彝族哈尼族自治县、景东彝族自治县、澜沧拉祜族自治县、新平彝族傣族自治县等县市。分哈雅、碧卡、豪白3个方言。哈雅方言又分哈尼和雅尼两个次方言。

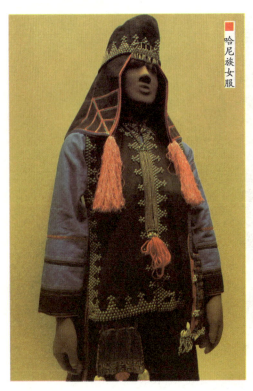

哈尼族女服

民族盛典

少数民族节日与内涵

龙日那天上午，有的只食团籽和粑粑，不吃早饭。中午，人们在寨子广场上架起高大的秋千，举行荡秋千活动。好斗的青年们则聚集在一起举行陀螺比赛和摔跤游戏。晚上，草坪上燃起熊熊篝火，人们围火而坐。

老人们唱起本民族民歌，小伙子们则敲响铓锣大鼓，姑娘们跳起欢乐的"扭股舞"，男女老少载歌载舞，通宵达旦。

按传统规矩，年节的每天早晚吃饭前，家家都要用小簸箕抬着一盅酒和3个团籽送到村口倒掉，意即祭献祖宗。随即又送一些食物到同宗辈分最大的人家去，以示不忘血缘祖根。

有的地方，节日期间还要举行"资乌都"活动，即欢乐幸福的酒会。各家各户将烹制好的各种美味佳肴用小簸箕端到街心，摆在长长的簸垫上，全寨人同饮共食，通街宴长达百十米，场面极为壮观。

阅读链接

哈尼族在过扎勒特节期间，凡出嫁的姑娘都必须回娘家恭贺新禧，外甥要向舅舅讨压岁钱，娘家同宗亲属要好酒好肉款待，还要送些粑粑和煮熟的鸭蛋。

此外，哈尼族素来好客，过年期间要请附近的其他民族到家里做客。即使是过路的陌生人也要热情款待。吃过了还要送些粑粑、腊肉让客人带走。

苗族花山节的传说和习俗

花山节又名踩花山、跳花场、踩场、踩山等，流行于贵州省黔西北、四川省南部和云南省东南部的苗族地区。

由于苗族住地不同，服饰有差异，因此，苗族过花山节的日期也不一致，节日的名称也不尽相同。有的在农历正月，有的在农历六

苗族舞蹈

月，有的在农历八月。

　　"踩花山"最初是为了祭祀苗族的祖先蚩尤，后来的活动内容又添加了花山祭杆仪式、爬花竿、芦笙歌舞、斗牛、武术表演等。节日期间，盛装的苗族男女打着五彩缤纷的花伞对唱情歌，热闹非凡。

　　关于踩花山的来源，有这样一个传说：

　　很久以前，在白云深处有一座桃花山，山上有个桃花寨，寨里有个美丽的桃花姑娘。她聪明、勤劳，十分善良。对老人像对自己的爹娘，对朋友就像对自己的亲姐妹一样。

　　她身前身后总簇拥一大群人，不少小伙子向姑娘求爱。桃花姑娘却只愿嫁给一个忠厚老实，天天只会打猎、种地、吹笙的老憨哥。

　　一天，桃花姑娘被人抢走，憨哥得知，立即取下腰上的弯刀，把面前一棵棕树砍倒，发誓要找到桃花姑娘，杀死仇人。

　　乡亲们很同情他，纷纷拿出钱粮资助老憨哥。于是他带上盘缠、弯刀、弓箭和桃花用他过去猎来的禽毛兽皮缝制的百鸟衣，离开了家乡。

　　原来，抢走桃花姑娘的是远方的一个恶霸。但是不管他

蚩尤 我国古代神话传说中的部落首领，以在涿鹿之战中与黄帝交战而闻名。同时，他也是我国苗族相传的远祖之一。其活动年代大致与华夏族首领炎帝和黄帝同时。

■ 着盛装的苗族姑娘

怎样威逼，桃花就是不肯屈从。眼看一年一度的大年到来了，街上非常热闹。

■ 漂亮的苗族姑娘

忽然家人来告诉恶霸，街上来了一个身穿百鸟衣会吹六管芦笙的人，他不仅衣着新奇，而且笙歌动人。恶霸听了连忙讨好地请桃花去听芦笙。

桃花听说百鸟衣，知道憨哥来了，顿时喜笑颜开，立即到大街上去看热闹。

憨哥边吹笙边跳舞，突然看到一伙人吆喝着闯了过来，偏头一看，又喜又气愤。喜的是终于看到了桃花，气的是在桃花身后竟站着一个恶霸。

憨哥从羽衣下取出弩弓，转身一箭朝恶霸射去，不偏不倚正中恶霸的右眼，恶霸一声惨叫，昏倒在地。憨哥很快又拿出弯刀，左砍右劈，打散了家奴，

盘缠 就是现在所说的路费。我国古钱是中间有孔的金属硬币，常用绳索将钱币穿成串再吊起来。人们在出远门时，只能带上笨重的成串铜钱。把铜钱盘起来缠绕腰间，因此古人将这又"盘"又"缠"的旅费叫"盘缠"。

抱起桃花，飞身上马，像一阵风似的走了。憨哥和桃花回到桃花山，乡亲们一片欢腾，都来庆贺，直至傍晚，憨哥和桃花才告别乡亲，骑马奔向远方。

从此以后，桃花山的人再没见过他们。但每年正月初三，苗族人就不约而同地汇集到憨哥和桃花跳舞唱歌的地方，吹笙、唱歌、跳舞、饮酒、耍刀、赛马、射箭。天长日久就形成了花山节。

苗族花山节前一天，先由德高望重的老人选择一个开阔地作为"跳场坪"，并竖起花杆，整理好周围的环境，为青年男女踩花山做好准备。花山节当天，跳场坪上张灯结彩、红旗飘扬、鞭炮齐鸣、锣鼓喧天，青年们从四乡八寨向跳场坪拥来。

在歌舞中，小伙子发现意中人，就解下腰间横背的雨伞，向姑娘撑去。如果女方中意就半推半依，如果不中意，就绕到姑娘圈子里躲避。同时，在这一天，青壮年男子还要按苗族的传统习惯，举行爬杆比赛，谁爬得高，就把一个猪头和美酒奖给他。

此外，苗族有的地方还要举行赛马、射箭及续麻针比赛等活动。老年人则趁机拜访亲友，互相谈心，活动直至深夜才结束。

阅读链接

滇东北和滇南一带的苗族百姓，在每年农历六月初六都要过"花山节"。

传说，古时苗族流落异乡，想起祖先东逃西散的苦，伤心落泪。一年，在六月初六这天，苗族祖先显灵，劝他们不要太难过，应该到高山顶上吹芦笙、唱歌跳舞给祖先看。

祖先的话刚说完，天上便落下一朵花，挂在一棵树上。大家围着这棵树歌舞，这年的庄稼长得特别好。

从此后，滇东北和滇南一带的苗族在每年六月初六，都要穿上节日盛装，到高山上栽一棵花树，举行对歌、跳芦笙舞、斗牛、跳狮子舞、爬花杆等活动。